Vorbereiten
auf Ausbildung
und Beruf

GASTGEWERBE HAUSWIRTSCHAFT

Katrin Hecker
Okka Rascher
Sabine Rehak
Martina Stephan

unter Mitarbeit der Verlagsredaktion

westermann

Auf verschiedenen Seiten dieses Buches befinden sich Verweise (Links) auf Internet-Adressen.
Haftungshinweis: Trotz sorgfältiger inhaltlicher Kontrolle wird die Haftung für die Inhalte der externen Seiten ausgeschlossen. Für den Inhalt dieser Seiten sind ausschließlich deren Betreiber verantwortlich. Sollten Sie bei dem angegebenen Inhalt des Anbieters dieser Seite auf kostenpflichtige, illegale oder anstößige Inhalte treffen, so bedauern wir dies ausdrücklich und bitten Sie, uns umgehend per E-Mail unter www.westermann.de davon in Kenntnis zu setzen, damit der Verweis beim Nachdruck gelöscht wird.

1. Auflage, 2009
Druck 1, Herstellungsjahr 2009

Redaktion: Sabine Antoni
Verlagsherstellung: Harald Kalkan
Layout-Konzept: boje5 Grafik & Werbung, Braunschweig
Satz: Sabine Fehmer, Grafik & Layout, Destedt
Illustration: Mario Valentinelli, Rostock
Druck und Bindung: westermann druck GmbH, Braunschweig

ISBN 978-3-14-**290504**-4

Vorwort

Dieses Buch möchte junge Erwachsene dabei unterstützen, sich beruflich zu orientieren und ihnen einen Einblick in das Berufsfeld Gastgewerbe/Hauswirtschaft geben. Wenn im Folgenden von Gastgewerbe die Rede ist, dann ist damit das gesamte Berufsfeld Hotel- und Gaststättengewerbe gemeint. Wir verwenden im Buch bewusst die eingekürzte Form, um den Lesefluss zu erleichtern.

Das vorliegende Buch ist Bestandteil der Reihe „Vorbereiten auf Ausbildung und Beruf" des Bildungshaus Schulbuchverlage und ist für alle Formen der Berufsausbildungsvorbereitung im Berufsfeld Gastgewerbe/Hauswirtschaft einsetzbar. Die Grundlagen für die Inhalte sind erprobte Qualifizierungsbausteine aus anerkannten Berufen des Gastgewerbes und der Hauswirtschaft.

Im einleitenden Kapitel „Berufsfeld Gastgewerbe/Hauswirtschaft" sind zahlreiche Informationen zum Kennenlernen des Berufsfeldes dargestellt. Darüber hinaus werden viele Informationsquellen benannt und der Umgang mit ihnen erklärt.

In den anschließenden Kapiteln „Empfangen und Bewirten von Gästen", „Zubereiten einfacher Speisen und Getränke" und „Reinigen und Pflegen" werden die fachbezogenen Inhalte in einfacher, der Zielgruppe entsprechender Sprache beschrieben. Eine große Anzahl von Fotografien und Grafiken unterstützen anschaulich den Text.

Alle Kapitel beginnen mit einer Übersichtsseite, um das Interesse des Schülers zu wecken. Auf ihr wird kurz und knapp der zu erwartende Inhalt skizziert. In den Kapiteln sind die fachlichen Aspekte immer wieder an die Erlebenswelt junger Erwachsener angelehnt. Durch konkrete Aufgaben innerhalb des Textes wird handlungsorientierter Unterricht möglich. Darüber hinaus können die Schüler mithilfe einfach nachvollziehbarer Rezepte erste praktische Erfahrungen sammeln. In einigen Kapiteln finden sich sogenannte „+"-Aufgaben. Sie sind für die Schüler gedacht, die schon erste berufliche Erfahrungen gemacht haben oder Interesse daran haben, das Thema zu vertiefen. Jedes Unterkapitel schließt mit einer „kleinen" Zusammenfassung. Am Ende jedes Hauptkapitels steht eine „große" Zusammenfassung.

Im Interesse der besseren Lesbarkeit wurde in diesem Buch meist nur die männliche Form verwendet. Selbstverständlich sind immer beide Geschlechter angesprochen.

Die Autoren und der Verlag sind für Hinweise und Verbesserungsvorschläge jederzeit aufgeschlossen und dankbar.

Autoren und Verlag

Inhaltsverzeichnis

Kennenlernen des Berufsfeldes

Tätigkeiten und Einsatzgebiete

Alles dreht sich um den Menschen.

Berufe im Gastgewerbe/ Berufe in der Hauswirtschaft

Einer für alle – alle für einen.

Hygiene und Arbeitssicherheit

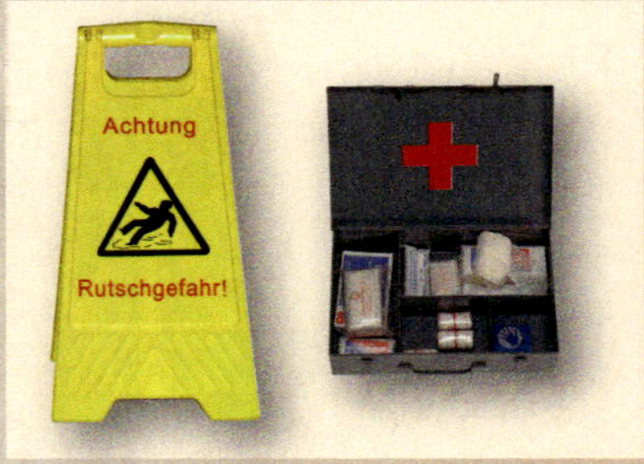

Vorbeugen ist besser als Krankenhaus!

Fragen und Antworten

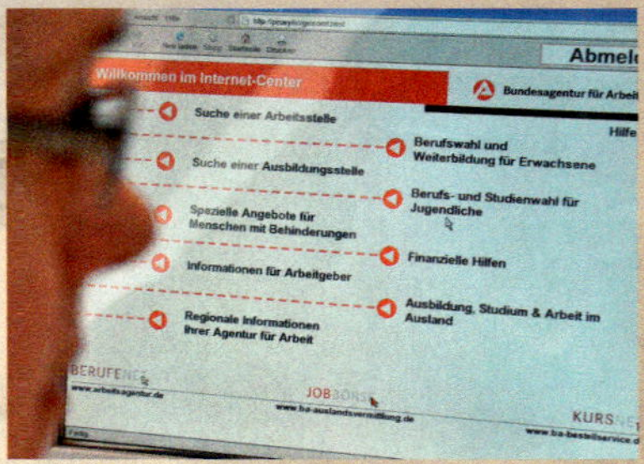

Da wird Ihnen geholfen ...

1 Dienstleistungen im Gastgewerbe und in der Hauswirtschaft

Tätigkeiten und Einsatzgebiete

Tätigkeiten

Essen, Trinken und das gemeinsame Zusammenleben sind Grundbedürfnisse des Menschen. Um die Befriedigung dieser Bedürfnisse kümmern sich die Menschen, die in den Berufsfeldern Gastgewerbe und Hauswirtschaft arbeiten 1 . Sie erbringen damit eine unentbehrliche Dienstleistung.

Ob für Gäste eines Restaurants gekocht wird oder Hotelzimmer gereinigt werden, im Mittelpunkt aller Tätigkeiten von Köchen, Hauswirtschaftern und Servicekräften stehen die Wünsche anderer Menschen. Das macht diese Berufe besonders vielseitig und jeden Tag aufs Neue spannend und abwechslungsreich.

Wer im Gastgewerbe oder in der Hauswirtschaft arbeiten möchte, sollte sich schnell auf neue Situationen und verschiedene Menschen einstellen können und Spaß daran haben.

Gäste möchten z. B. umfassend über das Speisenangebot beraten werden – die Servicekraft gibt freundlich und kompetent Auskunft und serviert gekonnt die bestellten Speisen.

Auch das Umgehen mit Geräten und Maschinen sind wichtige Tätigkeiten: In der Küche muss z. B. fachgerecht mit Messern umgegangen werden. Außerdem werden Herd und Backofen oder in der Großküche der Kombidämpfer zum Garen eingesetzt.

Zum Pflegen von Wäsche muss die Fachkraft unter anderem mit Waschmaschine, Trockner und Mangel umgehen.

Hauswirtschaft ist überall

Rundum gut versorgt

Kochst du schon oder wohnst du nur?

Großhaushalte
- Alten- und Pflegeheime
- Kinder- und Jugendeinrichtungen
- Mensen, Betriebskantinen
- Krankenhäuser, Kurheime

Haushalte
- Privathaushalte
- Haushalte in landwirtschaftlichen Betrieben

Betriebe
- Wäschereien
- Reinigungsunternehmen

Hauswirtschaft Gastgewerbe

Bewirtungsbetriebe
- Bars/Kneipen
- Cafés
- Restaurants
- Fast-Food-Anbieter, z. B.: Zugrestaurants, Imbissketten

Beherbergungsbetriebe
- Hostels
- Hotels Garni
- Hotels

2 **Ausgewählte Einsatzgebiete im Berufsfeld Gastgewerbe/Hauswirtschaft**

Einsatzgebiete

Ebenso vielfältig wie die Tätigkeiten sind auch die Einsatzgebiete in den Berufsfeldern Gastgewerbe und Hauswirtschaft 2.

Die Bandbreite der Arbeitgeber reicht vom Großbetrieb, wie z. B. einem großen Wellness-Hotel, über die Szenekneipe an der Ecke oder die Kindertagesstätte bis hin zum Privathaushalt mit vier Personen.

Dabei arbeiten die Fachkräfte je nach Art und Größe des Betriebes entweder speziell in einem Bereich, z. B. nur im Service eines Restaurants oder nur in der Wäscherei eines Altenheims. Oder sie sind für mehrere Arbeitsbereiche zuständig: Servicekräfte in kleineren Hotels übernehmen beispielsweise auch Reinigungsarbeiten.

Im privaten Haushalt ist die Hauswirtschafterin für alle Tätigkeiten verantwortlich: Sie erledigt den Einkauf, bereitet das Essen zu, versorgt die Wäsche und putzt das Haus.

! Vielseitig Interessierte finden ebenso wie Spezialisten im Gastgewerbe und in der Hauswirtschaft passende Einsatzgebiete.

Interessante Arbeitsmöglichkeiten bieten sich außerdem beispielsweise auf Kreuzfahrtschiffen, in Saisonbetrieben an Urlaubsorten oder im Ausland.

AUFGABE

Suchen Sie sich drei Einsatzgebiete von Bild 2 aus und überlegen Sie, welche Tätigkeiten dort jeweils zu erledigen sind.

Sekt oder Selters?
Der Service weiß Rat...

Gastgewerbe =
Berufe mit Zukunft weltweit

Ohne Zauber alles sauber!

1 Koch

2 Restaurantfachfrau

AUFGABE

Finden Sie mithilfe des Branchenbuchs und des Internets heraus, welche gastgewerblichen Betriebe in Ihrer Region ansässig sind.

Berufe im Gastgewerbe

Die Berufsausbildung im Gastgewerbe wird durch die Industrie- und Handelskammer (IHK) geregelt und überwacht.

Die Dauer der Ausbildung ist abhängig vom jeweiligen Ausbildungsberuf. Sie liegt zwischen 2 und 3 Jahren (Tab. 1).

Die Ausbildung endet mit einer Prüfung vor der IHK zum Facharbeiter.

Tab. 1: Berufe im Gastgewerbe

Ausbildungsberuf	Dauer	Was sind typische Tätigkeiten?
Koch/Köchin 1	3 Jahre	• Organisieren von Arbeitsabläufen in der Küche • Einkaufen und fachgerechtes Lagern von Lebensmitteln • Zubereiten und Anrichten unterschiedlichster Speisen
Restaurant-fachfrau/-mann 2	3 Jahre	• Beraten bei der Auswahl von Getränken und Speisen • Aufnehmen von Bestellungen • Servieren von Getränken und Speisen
Hotelfachfrau/-mann	3 Jahre	• Empfangen von Gästen im Hotel • Vorbereiten von größeren Veranstaltungen • Verrichten von Arbeiten in der Buch- und Lagerhaltung
Fachfrau/-mann für Systemgastronomie	3 Jahre	• Arbeiten in Selbstbedienungsrestaurants oder Kantinen • Umsetzen eines einheitlichen Gastronomiekonzeptes • Bestellen und Einlagern von Waren
Fachkraft im Gastgewerbe	2 Jahre	• Bedienen von Gästen im Restaurant • Helfen in der Küche • Versorgen von Wäsche

3 Hauswirtschafterin in der Krankenhausküche

4 Hauswirtschaftshelferin im Hofladen

AUFGABE

Finden Sie mithilfe des Internets heraus, welche Einsatzgebiete es für eine Hauswirtschafterin in Ihrer Region gibt.

Berufe in der Hauswirtschaft

Hauswirtschafter versorgen und betreuen Menschen in verschiedenen Einrichtungen.

Die Ausbildung zum/r **Hauswirtschafter/-in** ist ein anerkannter Ausbildungsberuf nach dem Berufsbildungsgesetz (BBiG). Sie wird in den Bereichen Hauswirtschaft 3 und Landwirtschaft 4 angeboten und endet mit einer Prüfung vor der Landwirtschaftskammer.

In einigen Bundesländern bieten Berufsfachschulen die Ausbildung zum Hauswirtschaftshelfer/-assistenten (Tab. 2) an.

In den einzelnen Bundesländern gibt es an Berufsfachschulen oder bei privaten Bildungsträgern weitere hauswirtschaftliche Ausbildungen, z. B. zum/r

- Haus- und Familienpfleger/-in,
- Dorfhelfer/-in,
- Fachkraft Haushalt.

Zugangsvoraussetzungen, Ausbildungsdauer und Berufsbezeichnungen sind in den einzelnen Bundesländern unterschiedlich geregelt.

Tab. 2: Berufe in der Hauswirtschaft

Ausbildungsberuf	Dauer	Was sind typische Tätigkeiten?
Hauswirtschafter/-in	3 Jahre	• Organisieren der Speisenplanung und des Einkaufs • Zubereiten und Servieren von Speisen • Reinigen und Pflegen von Räumen sowie Wäsche
Hauswirtschaftshelfer/-assistent	2–3 Jahre	• Einkaufen und Zubereiten von Speisen • Versorgen eines Haushalts, z. B. aufräumen, saubermachen, abwaschen, waschen und bügeln • Betreuen z. B. von Kindern oder alten Menschen

HACCP-Konzept = Gefahrenanalyse kritischer Kontrollpunkte

H = Hazard = Gefahr/Risiko
A = Analysis = Analyse/Untersuchung
C = Critical = kritisch
C = Control = Kontrolle
P = Points = Punkte

1 Personalhygiene

Hygiene und Arbeitssicherheit

Hygiene

Unter Hygiene versteht man alle Maßnahmen, die zum Erhalt der menschlichen Gesundheit beitragen.

In der Hauswirtschaft und im Gastgewerbe geht es vor allem um die Gewährleistung einwandfreier Lebensmittel durch Personal- 1, Betriebs- und Produkthygiene (Tab. 1).

Personalhygiene bedeutet u. a. geduscht, mit sauberen und kurzen Fingernägeln sowie mit zurückgebundenen Haaren und gewaschener Berufsbekleidung zur Arbeit zu erscheinen.

Ein umfassendes Kontroll- und Steuerungssystem für die Lebensmittelhygiene ist das sogenannte **HACCP-Konzept**. Es garantiert Lebensmittelsicherheit durch Erkennen, Prüfen, Regeln und Dokumentieren der kritischen Kontrollpunkte.

! Lebensmittelhygiene ist im Beruf, aber auch im Privatleben stets einzuhalten.

Tab. 1: Maßnahmen zur Sicherstellung der Lebensmittelhygiene

Hygienemaßnahmen	Wie kann man das z. B. erreichen?
Personalhygiene	• Hände waschen vor dem Serviettenfalten • fachgerechte Arbeitskleidung tragen
Betriebshygiene	• Arbeitsflächen regelmäßig reinigen • nur technisch einwandfreie und saubere Geräte benutzen
Produkthygiene	• Arbeitsplätze für tierische und pflanzliche Lebensmittel trennen • Kühlkette einhalten

- „Wo ist es passiert?“
- „Was ist geschehen?“
- „Wie viele Personen sind verletzt?“
- „Welche Verletzungen haben die Betroffenen?“

... Warten auf Rückfragen

2 Wichtige Angaben bei einem Notruf

Arbeitssicherheit

Wenn Menschen in einem Betrieb oder im Privatleben an Maschinen oder Geräten arbeiten, kann es zu Unfällen kommen. Richtiges Verhalten kann in diesen Momenten Leben retten 2:

Ruhe bewahren
↓
Unfallstelle sichern
↓
Fragen, was genau passiert ist
↓
Erstversorgung des Verletzten
↓
im Zweifel sofort Notarzt rufen
↓
beim Verletzten bleiben

Mögliche **Unfallgefahren** am Arbeitsplatz:

- Schnittverletzungen durch nicht fachgerechten Einsatz von Messern,
- Ausrutschen auf nass gewischten Böden,
- Verbrennungen durch heißes Bratfett,
- Reizung der Augen durch unkonzentriertes Arbeiten z. B. mit Sanitärreiniger.

Um in Gefahrensituationen richtig handeln zu können, ist es sinnvoll, einen Erste-Hilfe-Kurs zu besuchen. Er wird z. B. vom Deutschen Roten Kreuz angeboten.

Der verantwortliche Versicherungsträger bei Arbeitsunfällen ist die jeweilige Berufsgenossenschaft (BG). Sie muss unverzüglich über den Unfall informiert werden.

AUFGABE

Erkunden Sie, wo sich in Ihrer Schule der Erste-Hilfe-Kasten, der Feuerlöscher und die Löschdecke befinden.

1 Berufsinformationszentrum (BIZ)

2 Berufsberatung in der Arbeitsagentur

Fragen und Antworten

Wer bildet aus?

Die betriebliche Berufsausbildung wird in Deutschland immer von zwei gleichberechtigten Partnern, dem Ausbildungsbetrieb und der Berufsschule, durchgeführt.

Der Ausbildungsbetrieb ist für die praktische Ausbildung zuständig. Die theoretischen Inhalte werden in einer beruflichen Schule vermittelt.
Aufgrund der Aufteilung spricht man auch vom „**dualen System**".

Zwischen dem Ausbildungsbetrieb und dem Auszubildenden wird ein Ausbildungsvertrag abgeschlossen. Dieser regelt alle Rechte und Pflichten für beide Seiten. Der Erhalt einer Ausbildungsvergütung ist z. B. ein Recht des Auszubildenden. Seine Pflicht ist es, den Anweisungen des Ausbildungsbetriebs Folge zu leisten.

Was steht im Ausbildungsvertrag?

Im Ausbildungsvertrag müssen mindestens folgende Angaben stehen:

- Bezeichnung des Ausbildungsberufes,
- Beginn und Ende der Ausbildung,
- tägliche Arbeitszeit,
- Dauer der Probezeit,
- Höhe der Vergütung,
- Anzahl der Urlaubstage und
- Kündigungsbedingungen.

Was sind die Ausbildungsinhalte?

Die Ausbildungsinhalte setzen sich in den Berufsfeldern Hauswirtschaft und Gastgewerbe in der Regel aus Grundbildung und Fachbildung zusammen.

In der Grundstufe stehen allgemeine Inhalte im Vordergrund, die für alle Berufe des jeweiligen Berufsfeldes gleich sind. Die Vermittlung berufsspezifischer Kenntnisse und Fähigkeiten erfolgt in der Fachstufe.

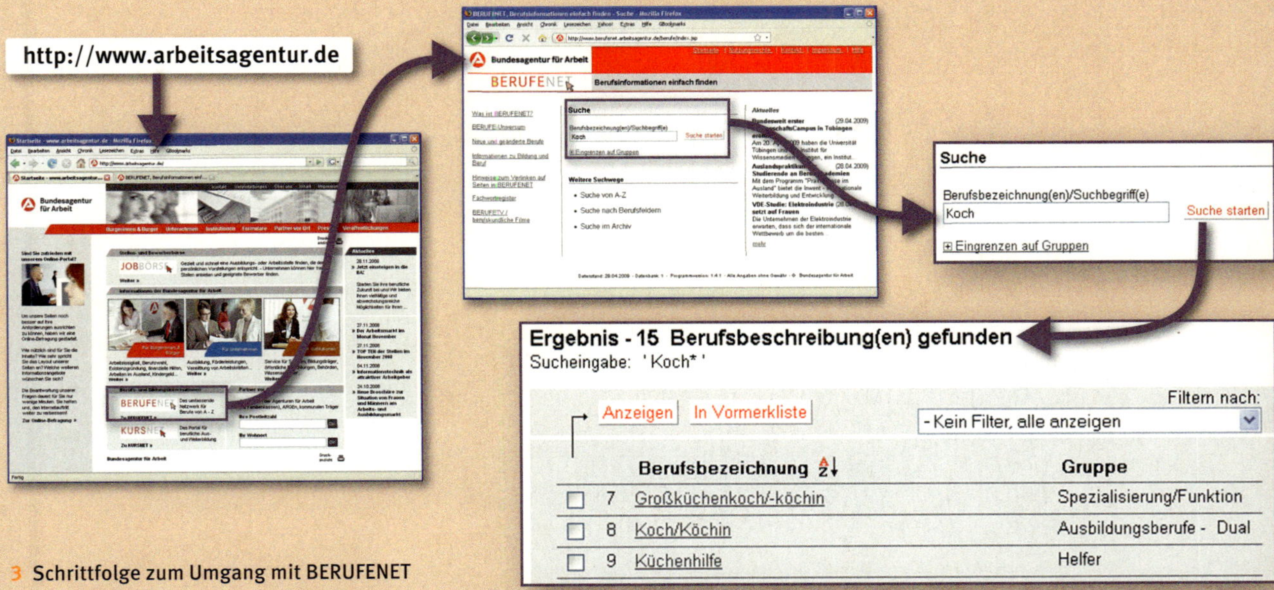

3 Schrittfolge zum Umgang mit BERUFENET

Wo gibt es Informationen?

Es gibt in den Berufsfeldern Hauswirtschaft und Gastgewerbe eine Vielzahl von interessanten und abwechslungsreichen Ausbildungsberufen.

In den Berufsinformationszentren (BIZ) der Bundesagentur für Arbeit kann sich jeder über die verschiedenen Ausbildungsmöglichkeiten und die jeweiligen Zugangsvoraussetzungen informieren 1.
Auch eine Beratung, welcher Beruf aufgrund der eigenen Interessen und Stärken gut zu einem passt, kann an diesen Stellen kostenlos einholt werden 2.

Welches Berufsinformationszentrum in der Nähe liegt, erfährt man auf den Internetseiten: www.arbeitsagentur.de

Auch die Industrie- und Handelskammer sowie die Landwirtschaftskammer sind empfehlenswerte Ansprechpartner für eine persönliche Beratung.

Was ist BERUFENET?

BERUFENET ist die Datenbank der Bundesagentur für Arbeit, die Berufe und Tätigkeiten beschreibt.

Folgende Informationen sind dort anschaulich dargestellt:

- Ausbildungsinhalte,
- Aufstiegsmöglichkeiten und Alternativen.

Den Link zu „BERUFENET" finden Sie auf der Homepage www.arbeitsagentur.de. Dann beginnt die Berufssuche 3.

AUFGABE

Informieren Sie sich mithilfe von „BERUFENET" über die Zugangsvoraussetzungen, Tätigkeiten und Aufstiegsmöglichkeiten einer Hauswirtschafterin und einer Restaurantfachfrau.

Beachten Sie die abgebildete Schrittfolge 3.

ZUSAMMENFASSUNG

Tätigkeiten:

- Empfangen und Bewirten von Gästen
- Zubereiten einfacher Speisen und Getränke
- Reinigen und Pflegen von Gegenständen, Räumen und Wäsche

Einsatzgebiete

- Bewirtungsbetriebe
- Beherbergungsbetriebe
- Großhaushalte
- Haushalte
- Betriebe

Berufe im Gastgewerbe

- Koch/Köchin
- Restaurantfachfrau/-mann
- Hotelfachfrau/-mann
- Fachkraft im Gastgewerbe
- Fachfrau/-mann für Systemgastronomie

Berufe in der Hauswirtschaft

- Hauswirtschafter/-in
- Hauswirtschaftshelfer/-in
- Haus- und Familienpfleger/-in
- Dorfhelfer/-in
- Fachkraft Haushalt

Informationsquellen für alle Fragen der Berufsausbildung:

- Berufsinformationszentrum (BIZ) bei der Bundesagentur für Arbeit
- Berufsberatung bei der Bundesagentur für Arbeit
- BERUFENET der Bundesagentur für Arbeit
- Industrie- und Handelskammer
- Landwirtschaftskammer

Empfangen und Bewirten von Gästen 1

1.1 Vorbereiten von Gasträumen

Gute Vorbereitung
= gute Stimmung
= gute Party

1.2 Empfangen und Beraten von Gästen

Kleider machen Leute – Wissen macht Experten.

1.3 Servieren von Getränken und Speisen

Servieren wie ein Profi – die Technik macht's.

1.4 Abrechnen mit den Gästen

1 + 1 = 2
Die Kasse muss stimmen.

1 Gemütlicher Wohnraum

1.1 Vorbereiten von Gasträumen

Das erste Date mit dem Freund oder der Freundin – das ist immer etwas ganz Besonderes. Damit dieser Abend zu einem unvergesslichen Erlebnis wird, ist der Besuch in einem schicken Restaurant genau das Richtige.

Ein schön gedeckter Tisch, Kerzenlicht und die passende Blumendekoration sorgen für eine ganz besondere Atmosphäre.

Im Restaurant begrüßt das Servicepersonal zuerst die Gäste, nimmt ihre Garderobe entgegen und begleitet sie an ihren Platz.

Dann kümmert sich die Servicekraft aufmerksam um die Wünsche der Gäste.
Sie überreicht die Speisen- und Getränkekarten, berät fachkundig über das Angebot des Hauses und nimmt die Bestellungen auf.

Vieles von dem, was den Gast in einem Restaurant erwartet, kann man auch zuhause vorbereiten.

In einer sauberen und aufgeräumten Wohnung kann man mit einigen wenigen Dekorationsgegenständen, wie z. B. Kerzen und Blumen, eine sehr gemütliche Atmosphäre schaffen 1.

Dazu ein liebevoll gedeckter Tisch, mit schönem Geschirr, besonderen Gläsern und dem passenden Essen – dann kann das erste Date gelingen.

Damit sich der Gast willkommen fühlt, müssen hinter den Kulissen allerdings viele verschiedene Arbeiten erledigt werden. Diese Vorbereitungen im eigenen Haushalt oder in einem Restaurant haben vieles gemeinsam.

Die Kenntnisse, die in den Berufsfeldern Gastgewerbe und Hauswirtschaft erworben werden, sind also auch im Privatleben einsetzbar.

2 Vorbereiten des Gastraums

3 Arbeitsplan

Erstellen von Arbeitsplänen

Bevor die Gäste kommen, muss der Raum vorbereitet werden 2. Zu den notwendigen Arbeiten gehören z. B. Lüften, Reinigen und Eindecken.

Im Gastgewerbe und in allen Bereichen der Hauswirtschaft arbeiten täglich viele Menschen in einem Team zusammen.

Damit die Arbeit reibungslos ablaufen kann, wird ein **Arbeitsplan** erstellt. Durch ihn wird die anfallende Arbeit zunächst strukturiert und dann in einer sinnvollen Reihenfolge ausgeführt.

Ein Arbeitsplan gibt vor:

- welche Arbeiten zu erledigen sind,
- wer für die Ausführung verantwortlich ist,
- bis wann diese Aufgaben fertig sein müssen.

! Mithilfe von Arbeitsplänen können notwendige Aufgaben strukturiert und zeitsparend erledigt werden.

Zur Darstellung des Plans eignet sich eine Tabelle 3. Ein Arbeitsplan wird in drei Schritten erstellt.

Notieren aller notwendigen Aufgaben

↓

Festlegen einer sinnvollen Reihenfolge

↓

Bestimmen der ausführenden Personen und des Zeitpunktes

AUFGABE

Der Arbeitsplan zeigt auf, welche Aufgaben von wem und zu welchem Zeitpunkt erledigt werden sollen. Warum ist das wichtig?

1 Tischwäsche

Eindecken von Tischen

Das Eindecken der Tische fängt mit der Auswahl der passenden **Tischwäsche** an.
Man unterscheidet verschiedene Arten von Tischwäsche 1 :

- Tischdecken,
- Deckservietten,
- Tischläufer,
- Platzsets.

Die Tischwäsche muss immer sauber und gemangelt sein. Die Bügelfalten werden **Brüche** genannt.

Damit alle Tische im Raum einheitlich aussehen, müssen die Tischdecken an allen Tischseiten gleich lang herunterhängen. Die Stühle dürfen sie dabei nicht berühren. Zusätzlich ist auf die Ausrichtung der Brüche zu achten (Tab. 1).

Tab. 1: Ausrichtung der Brüche

Brüche	Wo liegen die einzelnen Brüche?
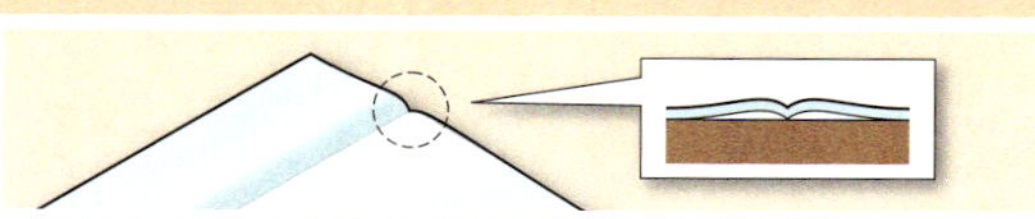	Der Unterbruch liegt in Richtung der Haupteingangstür.
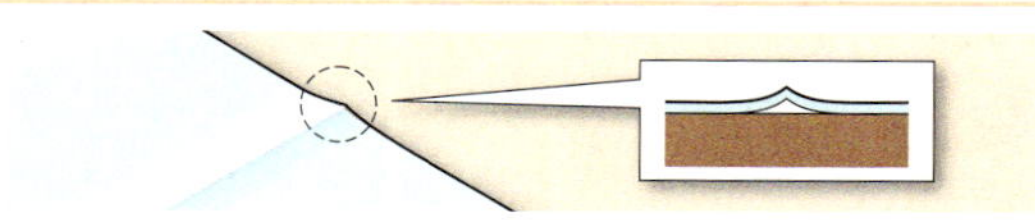	Der Mittelbruch liegt in der Mitte des Tisches.
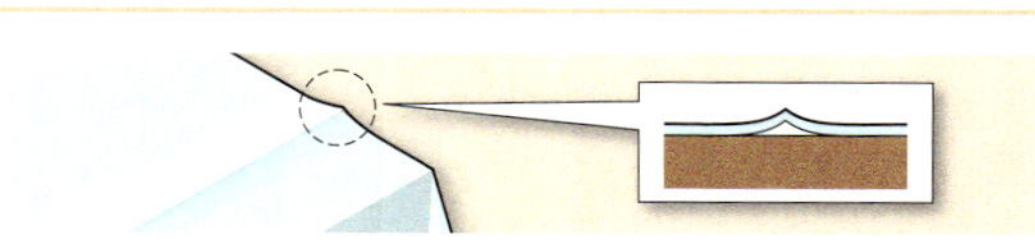	Der Oberbruch liegt auf der entgegengesetzten Seite des Unterbruches.

Warum wird der Essteller nicht eingedeckt, bevor das Essen kommt?

2 Grundgedeck

3 Erweitertes Grundgedeck

Tischgedecke

Nach dem Auflegen der Tischwäsche werden an jedem Platz ein Messer, eine Gabel, ein Glas und eine Serviette eingedeckt. Diese Bestandteile nennt man **Grundgedeck** 2.

Zusätzlich können **Menagen** eingedeckt werden. Dazu gehören Salz, Pfeffer, Essig und Öl.

Die einzelnen Bestandteile eines Gedecks werden immer an einer bestimmten Stelle des Tisches eingesetzt (hingestellt) (Tab. 2).

Wenn der Gast mehrere Gänge bestellt, ist die **Erweiterung des Grundgedecks** erforderlich.

Bei einem Drei-Gänge-Menü, das z. B. aus Suppe, Hauptgang und Dessert besteht, werden zusätzlich ein Suppenlöffel und Dessertbesteck eingedeckt 3.

AUFGABE

Welche Gedeckteile müssen zusätzlich eingedeckt werden, wenn statt der Suppe ein Salat gegessen wird?

Tab. 2: Gedecke

Gedeckbestandteile	Wo liegen oder stehen die Bestandteile?
Bestecke	• Messer und Löffel rechts, Messerklinge zeigt zur Serviette • Gabel links • Dessertbesteck oberhalb der Serviette
Gläser	oberhalb der Messerspitze
Servietten	in der Mitte der Gedecke
Menagen	in der Tischmitte, gut erreichbar für alle Gäste

1 Einsatz des Bestecks

Eigenschaften einzelner Tischgegenstände

Zu den Tischgegenständen zählen Bestecke, Gläser und Geschirr. Da sie täglich mehrmals zum Einsatz kommen, sind sie einer sehr starken Beanspruchung ausgesetzt. Daher müssen sie besondere Eigenschaften besitzen:

- pflegeleicht,
- spülmaschinenfest,
- lange nachkaufbar.

Aus hygienischen Gründen ist es notwendig, dass Bestecke, Gläser und Geschirr gründlich gereinigt und poliert werden.

AUFGABE

Warum sollte beim Kauf von Tischgegenständen auf die genannten Eigenschaften geachtet werden?

Nennen Sie für jede Eigenschaft jeweils einen Grund.

Bestecke

Messer, Gabeln und Löffel bestehen meist aus Edelstahl. Für die unterschiedlichen Speisen gibt es sie in verschiedenen Größen (Tab. 1) 1.

Tab. 1: Bestecke

Besteckgröße	Wofür wird es verwendet?
① kleine Gabel	Desserts oder Kuchen
② kleiner Löffel	Desserts oder Heißgetränke
③ große Gabel/ großes Messer	Hauptgerichte
④ großer Löffel	Suppen oder Nudelgerichte

2 Gläser mit Getränken

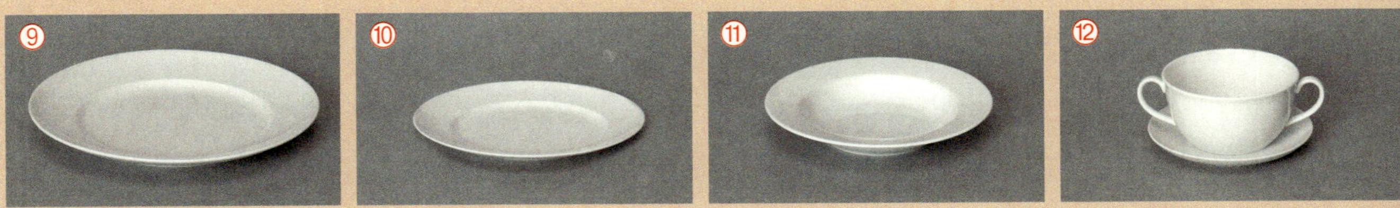

3 Essgeschirr

Gläser

Die Wahl des Glases ist abhängig vom jeweiligen Getränk 2. Deshalb gibt es Gläser auch in verschiedenen Größen und Formen (Tab. 2).

Tab. 2: Standardgläser

Glas	Wofür wird es verwendet?
⑤ Weinglas	Weine
⑥ Sektglas	Sekt
⑦ Bierglas	Bier- oder Biermischgetränke
⑧ Wasserglas	Erfrischungsgetränke

Geschirr

Das Geschirr besteht meistens aus Porzellan 3. Für die verschiedenen Speisen werden unterschiedliche Geschirrteile benötigt (Tab. 3).

Tab. 3: Geschirrteile

Geschirrteil	Wofür wird es verwendet?
⑨ großer Teller	Hauptgerichte
⑩ Mittelteller	Frühstück, Vorspeisen, Desserts oder Kuchen
⑪ tiefer Teller	Suppen oder Nudelgerichte
⑫ Suppentasse	Suppen

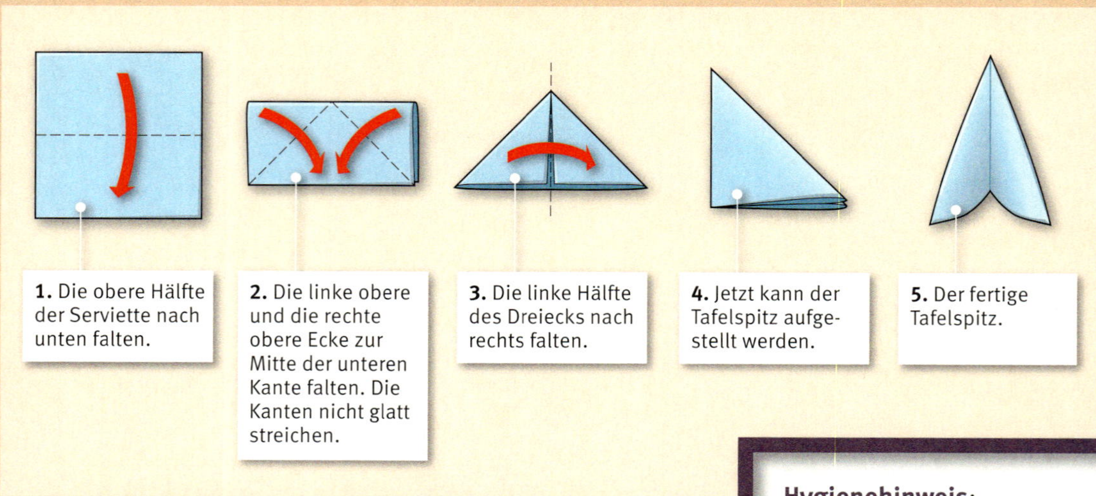

1 **Einfacher Tafelspitz**

Hygienehinweis:
Bevor man die Servietten faltet, müssen die Hände gewaschen werden!

Servietten

Stoff- und Papierservietten gibt es in unterschiedlichen Farben und Größen.

Servietten haben mehrere Funktionen:

- Sie dienen dem Gast zum Mundabwischen.
- Sie schützen die Kleidung vor Verschmutzung.
- Sie sehen sehr dekorativ aus, wenn sie gefaltet sind.

Es gibt einfache Faltformen für alltägliche Anlässe 1, 2 und aufwändigere Formen für feierliche Anlässe, wie z. B. Hochzeiten.

Am besten funktioniert das Falten mit großen und festen Servietten.

AUFGABE

Falten Sie aus einer Serviette mithilfe der Bilder 1 und 2 den einfachen Tafelspitz und die Pyramide.

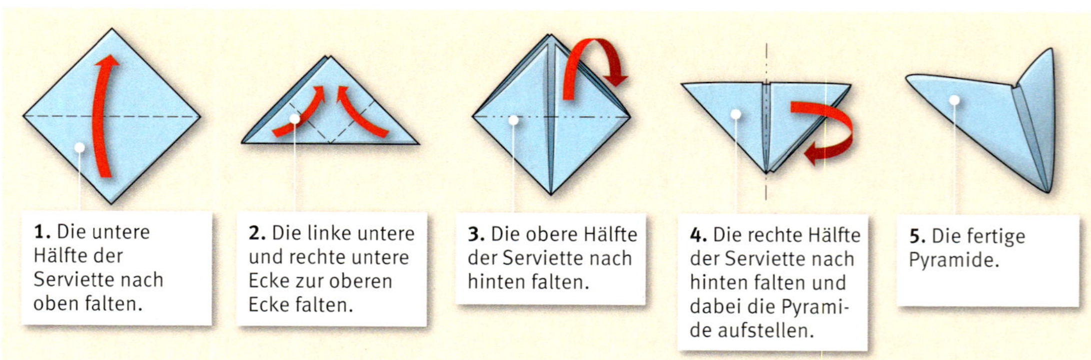

2 **Pyramide**

3 Weihnachtsdekoration

Dekorieren von Räumen

Um Räumen eine gemütliche Atmosphäre zu verleihen, dekoriert man sie.

Geeignete Dekorationsgegenstände kann man z. B. auswählen nach:

- der jeweiligen Jahreszeit: Frühling, Sommer, Herbst und Winter oder
- dem Anlass: Silvesterparty, Hochzeitsfeier, Kindergeburtstag usw.

Passend zu Weihnachten sind z. B. Kerzen, Tannenzweige und rote, warme Farbtöne 3 .

Durch die passende Dekoration bekommen Räume eine angenehme Atmosphäre. Sie trägt zum Wohlbefinden der Gäste bei.

AUFGABE

Der Raum in Bild 3 soll für ein Osterfrühstück umdekoriert werden. Schlagen Sie passende Dekorationsmöglichkeiten vor.

ZUSAMMENFASSUNG

Erstellen eines Arbeitsplans → Gastraum aufräumen und reinigen → Tische eindecken → Tische und Raum dekorieren

1 Berufsbekleidung der Servicekräfte

1.2 Empfangen und Beraten der Gäste

Erscheinungsbild

Das Erscheinungsbild der Servicekraft trägt maßgeblich zum ersten Eindruck beim Gast bei. Bestimmt wird es durch die persönliche Hygiene, die Kleidung und die Körpersprache.

Ein gepflegtes Äußeres ist die Voraussetzung für einen Beruf im Gastgewerbe und in der Hauswirtschaft.

Zu einem gepflegten Äußeren gehören:

- gewaschene und gekämmte Haare,
- lange Haare zu einem Zopf zusammengebunden,
- angenehmer Körper- und Mundgeruch,
- saubere Hände,
- kurze Fingernägel,
- natürliches und dezentes Make-up,
- wenig und unauffälliger Schmuck.

Aus hygienischen Gründen und damit der Gast das Personal des Restaurants erkennt, gibt es einheitliche **Berufsbekleidung**. Sie wird in der Regel vom Arbeitgeber gestellt.

Die Art und Farben der Berufsbekleidung können je nach Restaurant sehr unterschiedlich sein. Sie sind abhängig vom Stil des Restaurants und den regionalen Traditionen 1.

Die klassische Kleidung der Servicekraft besteht aus einem schwarzen Rock oder einer schwarzen Hose und einer weißen Bluse oder einem weißen Hemd.

Die Berufsbekleidung muss sauber, gebügelt und in einem einwandfreien Zustand sein.

AUFGABE

Machen Sie Vorschläge für die Berufsbekleidung in einem Fischrestaurant. Sie soll fachgerecht sein und zum Restaurant passen.

2 Positive Körperhaltung

3 Freundlicher Gesichtsausdruck

Körpersprache

Unter Körpersprache versteht man die Körperhaltung und den Gesichtsausdruck einer Person. Der direkte Blickkontakt und ein freundlicher Ausdruck des Gesichts signalisieren dem Gast, dass er willkommen ist 2.

Eine aufrechte und offene Körperhaltung macht einen tatkräftigen Eindruck.

Tatkräftig wirkt, wer:

- sich dem Gast zuwendet,
- gerade steht und sich nicht anlehnt,
- Arme und Hände seitlich am Körper hält.

AUFGABE

Stellen Sie sich vor einen großen Spiegel und versuchen Sie, eine aufrechte und offene Körperhaltung einzunehmen.

Für den ersten Eindruck ist neben der Körperhaltung vor allem der Gesichtsausdruck entscheidend. Denn das Gesicht sagt mitunter mehr aus als tausend Worte. Die Mimik eines Menschen spiegelt seine Stimmung wider.

AUFGABE

Zeigen Sie unterschiedliche Gesichtsausdrücke und lassen Sie die Klasse entscheiden, welcher den besten Eindruck auf den Gast machen würde.

Besonders in Berufen, in denen man direkt mit Menschen in Kontakt kommt, sind die Körpersprache, die Mimik und Gestik von großer Bedeutung. Eine gute Servicekraft zeichnet sich dadurch aus, dass sie freundlich und offen auf jeden neuen Gast zugeht. Sie gibt ihm das Gefühl, dass er willkommen ist und ihr die Arbeit Spaß macht 3.

! Der erste Eindruck ist entscheidend und nicht zu wiederholen.

1 Empfangen der Gäste

Begrüßen der Gäste

Wenn der Gast das Restaurant betritt, begrüßt ihn die Servicekraft freundlich.

Mit welchen Worten sie den Gast begrüßt, hängt unter anderem ab von:

- der Tageszeit,
- dem Stil des Restaurants und
- den regionalen Gewohnheiten.

Üblicherweise werden die Gäste im Restaurant mit „Guten Tag“ oder „Guten Abend“ begrüßt. Im bayrischen Biergarten sagt man dagegen „Grüß Gott“.

Wenn die Servicekraft den Gast kennt, ist es besonders aufmerksam, wenn sie ihn mit seinem Namen begrüßt.

Die Servicekraft kommt dem Gast freundlich entgegen und grüßt immer zuerst.

Nach dem Begrüßen folgen weitere Empfangsschritte 1 :

den Mantel abnehmen

↓

den Gast zu seinem Platz begleiten

↓

die Kerze anzünden

↓

die Getränke- und Speisenkarte überreichen

AUFGABE

Üben Sie in einem Rollenspiel, wie der Gast empfangen werden sollte.

Zutaten:
- Röhrennudeln
- Tomatensoße
- Speck
- frische Petersilie
- Zwiebeln
- Chilischote
- Knoblauch

Zubereitung:
Nudeln und Soße werden getrennt voneinander gekocht.
Die Soße wird zum Schluss über die bissfesten Nudeln gegeben und geriebener Parmesan-Käse darüber gestreut.

2 Penne al Arrabiata

Führen eines Gastgesprächs

Es gehört zu den Aufgaben einer Servicekraft, im Gespräch mit dem Gast herauszufinden, was er wünscht. Sie muss dabei aufmerksam zuhören und bei Unklarheiten nachfragen.

Bei speziellen Fragen zu den Speisen kann die Servicekraft den Koch um Auskunft bitten.

AUFGABE

Welche konkreten Fragen könnte der Gast zu den Speisen und Getränken haben?

Freundlichkeit und Respekt gegenüber dem Gast sind für die Servicekraft selbstverständlich.

Die Servicekraft erklärt dem Gast das Speisenangebot so, dass dieser weiß, was gemeint ist, wenn in der Karte z. B. von Penne al Arrabiata die Rede ist 2.

Um den Gast für die Wahl eines Salates zu begeistern, beschreibt man ihn z. B. mit den Worten „frisch, knackig und schmackhaft“.
Im Beratungsgespräch ist auch die Art des Sprechens von großer Bedeutung.
Gäste, die schlecht hören können, sind dankbar, wenn deutlich, langsam und lauter als normal gesprochen wird.

Beim Sprechen ist Folgendes zu beachten:

- deutlich sprechen, damit der Gast die Servicekraft versteht,
- das Sprechtempo und die Lautstärke dem jeweiligen Gast anpassen,
- einen starken Dialekt vermeiden, um auch für Nichteinheimische verständlich zu sein.

AUFGABE

Beschreiben Sie mithilfe von Bild 2 einem Mitschüler das Gericht Penne al Arrabiata so, dass dieser Appetit darauf bekommt.

1 Saisonangebot

2 Happy hour

Beraten der Gäste

Um die Gäste fachgerecht zu beraten, muss die Servicekraft das Getränke- und Speisenangebot des Restaurants sehr genau kennen. Nur so kann sie auf die Wünsche der Gäste eingehen und ihnen spezielle Empfehlungen aussprechen (Tab. 1).

Zu einer guten Beratung gehört auch, dass die Servicekraft dem Gast ein Getränk empfiehlt, das zu seinem Gericht passt.

Darüber hinaus informiert die Servicekraft den Gast über die Spezialitäten und aktuellen Angebote des Hauses.

Zum Beispiel bieten viele Restaurants in den Monaten Mai und Juni Spargel und Erdbeeren an 1 . Beide Lebensmittel haben zu dieser Zeit Saison. Das bedeutet, sie sind dann besonders schmackhaft und preisgünstig.

Getränke werden häufig zu bestimmten Tageszeiten günstiger angeboten. Das nennt man „Happy hour“ 2 .

Tab. 1: Kenntnisse für die Gästeberatung

Kenntnisse	Wofür sind diese notwendig?
Kartenangebot	die Servicekraft kann Empfehlungen aussprechen
Bestandteile der einzelnen Gerichte und ihre Zubereitung	weil der Gast nicht alle Bestandteile oder Zubereitungsarten kennt, mag oder verträgt
Tagesangebote, Aktionen	die Servicekraft kann etwas Besonderes anbieten
Getränke	um dem Gast bei einer großen Auswahl an Getränken die Wahl zu erleichtern

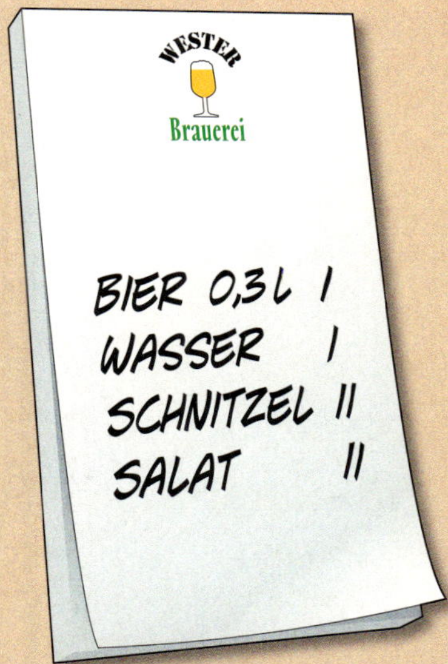

3 Weiterleiten der Bestellungen

4 Registrierkasse

Checkin-Datum: 19:11:58 09.02.20..
Tisch: 5
Bondatum: 19:12:46 - 09.02.20..
Gast: R2
Service: Meier
Getränke:
1 Bier 0,3 l
1 Wasser
Kalte Vorspeise
2 Salate
Hauptgericht
2 Schnitzel

5 Bon

Aufnehmen und Weiterleiten der Bestellungen

Wenn sich der Gast für seine Getränke und Speisen entschieden hat, nimmt die Servicekraft die Bestellung auf. Die Bestellung wird meistens auf einem Notizblock notiert 3.

AUFGABE

Beobachten Sie in Restaurants, mit welchen Hilfsmitteln dort Bestellungen aufgenommen werden. Tauschen Sie sich in der Klasse über Ihre Erfahrungen aus.

Zum Weiterleiten der Bestellungen gibt die Servicekraft sie in eine **Registrierkasse** ein 4. In dieser werden alle Bestellungen des Tages gespeichert und sogenannte **Bons** ausgedruckt 5. Ohne Bons ist das Weiterleiten von Bestellungen nicht möglich.

Bons haben verschiedene Funktionen:

- Sie geben der Küche Auskunft über die zuzubereitenden Speisen.
- Sie informieren die Getränkeausgabe über die bereitzustellenden Getränke.
- Sie sind die Grundlage für die Abrechnung mit dem Gast.

ZUSAMMENFASSUNG

Erscheinungsbild überprüfen → Empfangen und Begrüßen der Gäste → Beraten der Gäste → Aufnehmen und Weiterleiten der Bestellungen

Der Gast ist König!

1.3 Servieren von Getränken und Speisen

Bedienen der Gäste

Das Servieren umfasst verschiedene Tätigkeiten, z. B.:

- Die Servicekraft berät den Gast und bringt ihm seine Speisen,
- geht auf seine Wünsche ein.

Damit der Gast sich im Restaurant wohlfühlt, ist planvolles, leises und zügiges Arbeiten von der Servicekraft gefordert.

Planvoll heißt, die Arbeit so zu organisieren, dass keine unnötigen Wege anfallen.

Leise bedeutet z. B., das Klappern mit dem Geschirr zu vermeiden.

Zügig zu arbeiten, meint schnell, aber nicht hektisch zu sein. Diese Arbeitsweisen ersparen dem Personal Zeit und Kraft (Tab. 1).

Wenn der Gast etwas zu beanstanden hat, gehört es zu den Aufgaben der Servicekraft:

- Verständnis zu zeigen,
- freundlich zu sein und
- eine Lösung zu finden.

Tab. 1: Verhalten beim Bedienen

Verhalten	Warum ist das wichtig?
planvoll arbeiten	Der Gast möchte ungestört essen.
leise arbeiten	Der Gast möchte in ruhiger Umgebung essen.
zügig arbeiten	Der Gast möchte schnell, aber nicht hektisch bedient werden.

1 Bereitstellen der Getränke

Hygienehinweis:
Der Zapfhahn darf das Bier im Glas nicht berühren!

2 Zapfen von Bier

Arbeiten am Getränkebüfett

Zu den Aufgaben einer Servicekraft zählt neben dem Servieren auch das Arbeiten am Getränkebüfett. Dort werden verschiedene Getränke vorbereitet und bereitgestellt 1.

Grundsätzlich wird zwischen Kalt- und Heißgetränken unterschieden. Zu den Kaltgetränken zählt man z. B. Wasser und Bier. In die Gruppe der Heißgetränke gehören Kaffee und Tee.

Am Getränkebüfett sind von der Servicekraft z. B. folgende Aufgaben zu erfüllen:

- Einschenken der vorgeschriebenen Mengen bis zum Füllstrich 1,
- Spülen der Gläser,
- Reinigen der Arbeitsflächen.

AUFGABE

Überlegen Sie, warum es wichtig ist, das Getränk bis zum Füllstrich einzuschenken?

Eine häufige Tätigkeit am Getränkebüfett ist das **Bierzapfen** 2. Um Bier fachgerecht zu zapfen, bedarf es einer besonderen Technik:

Bierglas mit kaltem Wasser ausspülen

↓

Glas schräg unter den Zapfhahn halten und halbvoll einfüllen

↓

halbvolles Glas ca. 1 Minute stehen lassen

↓

Bier auffüllen und dann die Schaumkrone aufsetzen

1 Einschenken von Getränken

2 Servieren von Heißgetränken

Servieren von Getränken

Um Getränke fachgerecht zu servieren, werden spezielle rutschfeste Tabletts benutzt. Das Tragen schwerer Flaschen oder Gläser wird erleichtert, indem man sie auf dem Tablett nah am Körper platziert.

Zu einem guten Getränkeservice gehört es auch, ein Getränk beim Gast so hinzustellen, dass das Etikett der Flasche zu ihm zeigt (Tab. 1).

Außerdem ist zu beachten, dass die letzten Gläser so lange auf dem Tisch stehen bleiben, bis die Gäste gegangen sind.

Heißgetränke

Kaffee, Tee und Kakao gehören zu den klassischen Heißgetränken.

Damit diese Getränke heiß beim Gast ankommen und nicht so schnell abkühlen, ist es in manchen Betrieben üblich, die Tassen mit heißem Wasser vorzuwärmen.

Serviervorschlag für Heißgetränke 2:

- in einer Tasse auf der passenden Untertasse,
- mit einem kleinen Löffel sowie
- oft auch mit Zucker und Milch.

Tab. 1: Servieren von Getränken

Tätigkeit	Warum ist das wichtig?
von der rechten Seite des Gastes mit der rechten Hand einsetzen	Der Gast soll nicht berührt und somit nicht gestört werden.
Getränke aus Flaschen einschenken 1	Es gehört zu einem professionellen Service, dem Gast diese Tätigkeit abzunehmen.

3 Öffnen einer Sektflasche

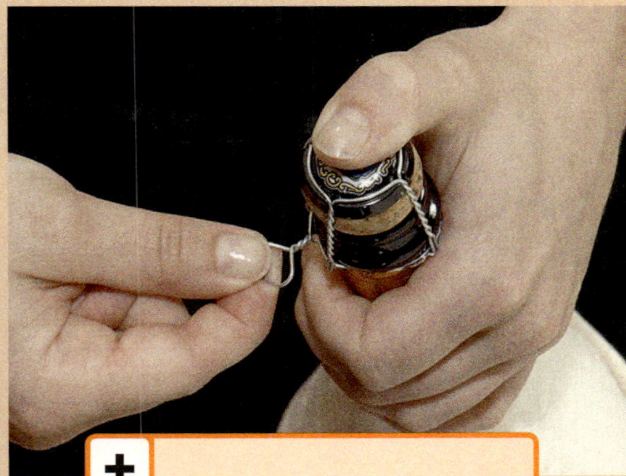

+ Warum wird ein Sektkorken zusätzlich mit einem Drahtkorb gesichert?

Erfrischungsgetränke

Wasser, Fruchtsäfte und Limonaden zählen zu den Erfrischungsgetränken. Nach dem Sport ist Wasser der ideale Durstlöscher. Aber auch eine Mischung aus Wasser und Fruchtsaft, Saftschorle genannt, ist lecker und löscht den Durst auf gesunde Weise.

Gemeinsam ist Erfrischungsgetränken, dass

- sie kalt serviert werden,
- sie alkoholfrei sind.

Das Bereitstellen der Erfrischungsgetränke erfolgt am Getränkebüfett. Dort füllt man sie in der Regel aus Flaschen in die entsprechenden Gläser.

AUFGABE

Welche verschiedenen Erfrischungsgetränke kennen Sie? Nennen Sie drei.

Welches davon trinken Sie besonders gerne?

Sekt

Sekt ist in erster Linie ein Getränk, um auf besondere Anlässe anzustoßen. Die Flasche wird direkt am Tisch des Gastes geöffnet 3 :

Entfernen der Folienkapsel und Aufdrehen des Drahtkorbes

↓

mit der einen Hand den Korken und mit der anderen Hand die Flasche entgegengesetzt drehen

↓

Korken entfernen und Flaschenhals mit einer Papierserviette säubern

↓

Gläser füllen

↓

Flasche in den Sektkühler stellen

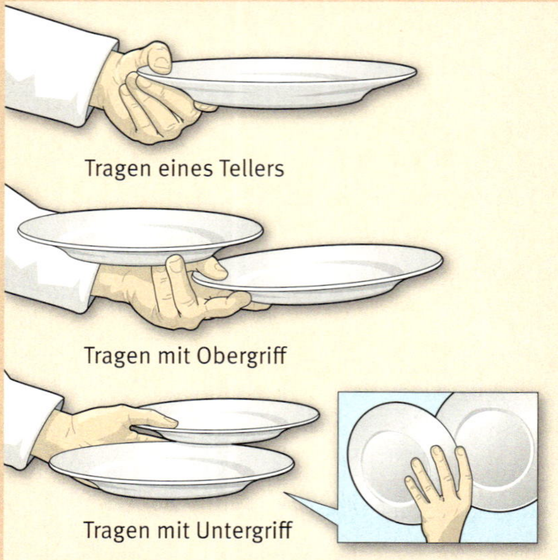

1 Anwenden der Tragegriffe

2 Ausheben der Teller

Servieren von Speisen

Die fertigen Speisen werden auf Tellern serviert (Tab. 1). Damit alle Gäste zur selben Zeit ihr Essen bekommen, muss die Servicekraft mehrere Teller gleichzeitig tragen. Dafür gibt es bestimmte **Tragetechniken**. Man unterscheidet den Ober- und Untergriff 1.

Parallel zum Servieren der Speisen achtet die Servicekraft darauf, dass:

- alle Gäste zufrieden sind,
- sie weitere Wünsche erfüllen kann und
- die Gläser der Gäste immer gefüllt sind.

Das Ausheben (Abräumen) der Teller erfolgt, wenn der letzte Gast mit dem Essen fertig ist 2.

Mit dem Abräumen der Teller ist der Serviervorgang jedoch noch nicht abgeschlossen. Es ist üblich, den Gästen noch ein Dessert oder ein weiteres Getränk anzubieten.

AUFGABE

Üben Sie mithilfe von Bild 1 das Tellertragen mit dem Ober- und Untergriff.

Tab. 1: Servieren von Speisen

Hinweis	Warum ist das wichtig?
mehrere Teller immer in der linken Hand tragen, in der rechten nur einen	Die rechte Hand wird zum Einsetzen der Teller benötigt.
Teller an einem Tisch immer zur selben Zeit einsetzen	Die Gäste möchten zusammen essen.
alle Teller gleichzeitig abräumen	Es ist höflich, auf alle zu warten.

3 Büfett

4 Anrichten eines Tellers

Arbeiten am Büfett

Ein Büfett ist die Zusammenstellung von kalten und warmen Speisen auf einem großen Tisch 3. Die Gäste können sich dort selbst bedienen.

Beliebt ist das Büfett, weil es gegenüber dem klassischen Service folgende Vorteile bietet:

- Der Gast hat eine reichhaltige Auswahl an verschiedenen Speisen.
- Der Gast kann sich das Essen zeitunabhängig und immer wieder holen.
- Der Gast entscheidet selbst über die Zusammenstellung und die Menge der einzelnen Speisen.

Zur Unterstützung der Gäste steht häufig eine Fachkraft am Büfett. Sie empfiehlt passende Beilagen, übernimmt Tätigkeiten wie Tranchieren und Filetieren oder hilft beim fachgerechten **Anrichten der Teller**.

Im Gastgewerbe und im Großhaushalt werden die einzelnen Bestandteile der Speisen auf einem bestimmten Platz des Tellers angerichtet.

Der Hauptbestandteil – meistens das Fleisch – liegt immer auf dem unteren Tellerbereich. Sättigungsbeilagen wie z. B. Klöße werden links oben und das Gemüse rechts oben angerichtet 4.

ZUSAMMENFASSUNG

Getränke vorbereiten und servieren → Speisen einsetzen → Aufmerksam die Wünsche der Gäste erfüllen → Teller ausheben und Dessert anbieten

Ristorante Mamma Mia
Chiantistraße 13, 10178 Berlin,
Tel.: 030 / 123 45 67

Datum/Zeit: **TISCH 5**
16.01.20.., 13:20 Uhr
Rechnung: **111**

Anz.	Bezeichnung	-GP
	Kleiner gemischter Salat	3,90 €
1	Penne al Arrabiata	7,50 €
1	Pizza Funghi	7,90 €
1	Chianti 0,2l	4,80 €
1	Valpolicella 0,2l	4,20 €
1	Orangensaft 0,2l	2,30 €
1	Kännchen Tee	3,60 €
1	Cappuccino	2,20 €
	Summe inkl. MwSt	36,40 €
	Darin enthalten 19 % MwSt	5,81 €

Es bediente Sie: Frau Meier
MILLE GRAZIE !

1 Restaurantrechnung

2 Kassieren

1.4 Abrechnen mit den Gästen

Erstellen der Rechnung

Grundlage für die **Rechnung** sind die Getränke und Speisen, die in die Registrierkasse eingegeben worden sind. Die Rechnung kann in folgender Weise erstellt werden:

- mündlich, indem die Servicekraft dem Gast den Betrag nennt,
- handschriftlich auf einem Notizzettel oder
- maschinell durch einen Ausdruck der Registrierkasse.

Die maschinell erstellte Form der Rechnung 1 wird immer dann verwendet, wenn der Gast einen **Bewirtungsbeleg** wünscht.

Dieser Beleg enthält unter anderem Namen und Anschrift des Restaurants, das Datum, die verzehrten Getränke und Speisen, die Einzelpreise sowie die Endsumme und die Mehrwertsteuer.

Kassieren

Nachdem die Rechnung erstellt wurde, folgt das Kassieren 2 :

Die Servicekraft nennt den zu zahlenden Betrag und legt dem Gast die Rechnung vor.

↓

Der Gast prüft die Rechnung und bezahlt.

↓

Die Servicekraft kassiert und bedankt sich freundlich.

AUFGABE

Warum hält die Servicekraft das vom Gast gezahlte Geld so lange in der Hand 2 , bis das Kassieren abgeschlossen ist?

① ② ③ ④

3 Zahlungsmöglichkeiten

Zahlungsarten

Der Gast hat verschiedene Möglichkeiten, seine Rechnung zu begleichen 3 . Häufig wird bar, das heißt mit Geldscheinen und Münzen, bezahlt. Das ist eine einfache und schnelle Variante.

Immer öfter wird mit ec-Karte oder Kreditkarte (Tab. 1) bezahlt. Viele Gäste empfinden das als bequem, weil sie so auch bargeldlos zahlen können. Das Restaurant benötigt dafür ein spezielles Lesegerät.

Stets Namen und Unterschrift auf der Karte mit der Unterschrift auf dem Beleg vergleichen.

In Restaurants, die häufig internationale Gäste haben, kann als Zahlungsmittel auch der Reisescheck akzeptiert werden (Tab. 1).

AUFGABE

Welche Zahlungsart ist aus Sicht des Restaurants die beste? Begründen Sie Ihre Antwort.

Tab. 1: Möglichkeiten der Bezahlung

Zahlungsart	Vorteile für das Restaurant	Nachteile für das Restaurant
① Bargeld	Geld ist sofort in der Kasse	eventuell Falschgeld
② ec-Karte	Geld ist umgehend auf dem Konto	es müssen Nutzungsgebühren für das Kartenlesegerät bezahlt werden
③ Kreditkarte	Geld wird unabhängig von der Währung dem Konto gutgeschrieben	es müssen Bearbeitungsgebühren gezahlt werden
④ Reisescheck	garantierte Deckung	er muss bei der Bank eingereicht werden

1 Persönliches Verabschieden

Verabschieden der Gäste

Wenn die Rechnung bezahlt ist, gibt es in manchen Restaurants ein kleines „Dankeschön“, z. B. in Form eines Abschiedsgetränkes. Das kann u. a. ein Espresso sein. Dieses Getränk muss der Gast nicht bezahlen, denn dazu wird er vom Restaurant eingeladen. Das gilt als freundliche Geste und trägt zum guten Ruf des Restaurants bei.

Wenn die Gäste gehen möchten, gehört es zum guten Service, dass die Servicekraft:

- den Gästen in den Mantel hilft,
- die Gäste über Aktionen wie z. B. die kommende Spargelwoche oder die geplante Silvesterparty informiert und
- den Gästen anbietet, ihnen ein Taxi zu bestellen.

Gäste, die zufrieden sind und sich wohlfühlen, kommen gern wieder und bringen neue Gäste mit.

In der gehobenen Gastronomie hat die Servicekraft noch weitere spezielle Aufgaben zu erledigen, z. B. wenn die Gäste das Restaurant verlassen 1 :

den Gästen die Tür aufhalten

↓

den Gästen sagen, dass man sich freut, wenn sie bald wiederkommen

↓

den Gästen einen guten Tag, einen guten Abend bzw. eine gute Nacht wünschen

AUFGABE

Warum ist es für ein Restaurant von großer Bedeutung, einen guten Ruf zu haben? Wie kann das Personal dazu beitragen?

2 Auffüllen der Getränkevorräte

3 Reinigen des Zapfhahns

Nachbereiten von Gasträumen

Beim Nachbereiten der Gasträume unterscheidet man zwischen:

- den Aufräumarbeiten als Vorbereitung auf neue Gäste und
- den Arbeiten zum Betriebsschluss.

Die Vorbereitung des Tisches für weitere Gäste bedeutet, dass verschmutzte Tischdecken ausgewechselt werden. Neue Servietten und Grundgedecke werden bereitgelegt und die Stühle gerade gerückt.

Diese Tätigkeiten sind wichtig, weil ein schön vorbereiteter Tisch einladend aussieht und so für den weiteren Service einsatzbereit ist.

Zum Betriebsschluss sind im Restaurant unterschiedliche Arbeiten zu erledigen, wie z. B.:

- Säubern und Auffüllen der Menagen,
- Hochstellen der Stühle,
- Auffüllen der Getränkevorräte 2,
- Reinigen des Getränkebüfetts mit Zapfanlage 3.

Diese Aufräumarbeiten sind die notwendige Vorbereitung für den nächsten Arbeitstag in einem Restaurant. Nur wenn die Räume richtig vorbereitet sind, ist ein professioneller Service möglich.

! Nachbereiten ist zugleich auch Vorbereiten.

ZUSAMMENFASSUNG

Erstellen der Rechnung → Kassieren bei den Gästen → Verabschieden der Gäste → Nachbereiten der Gasträume

ZUSAMMENFASSUNG

Was muss getan und beachtet werden?

1. Vorbereiten von Gasträumen

- Arbeitsplan mit Aufgabenverteilung und Zeitplan erstellen
- Gastraum säubern und aufräumen
- Tische eindecken mit Tischwäsche, Servietten und Grundgedecken
- Raum und Tische dekorieren

2. Empfangen und Beraten der Gäste

- saubere, gebügelte Berufsbekleidung
- Gäste freundlich begrüßen
- Gäste kompetent beraten und die Bestellung aufnehmen

3. Servieren von Getränken und Speisen

- Getränke am Getränkebüfett bereitstellen
- Getränke und Speisen servieren
- Wünsche der Gäste erfüllen, z. B. ein Dessert anbieten

4. Abrechnen mit den Gästen

- Rechnung erstellen und kassieren
- Gäste mit einem Lächeln verabschieden
- Nachbereiten der Gasträume

Zubereiten einfacher Speisen und Getränke

2

2.1 Einführung in die Ernährungslehre

Aller guten Dinge sind drei: Essen – Bewegen – Genießen.

2.2 Einkaufen, Lagern und Konservieren

Schluss mit gähnender Leere im Kühlschrank!

2.3 Zubereiten von Speisen

Profis kochen auch nur mit Wasser.

2.4 Anwenden von Rezepten

Anwenden von Rezepten

Dessert: Obstsalat

Zutaten	Arbeitsmittel
1 kg Obst (nach Saison gemischt)	Waage
1 Zitrone	Schneidebrett
Zucker oder Honig nach Geschmack	Officemesser
2 EL gehackte Nüsse	Schüssel
	Zitronenpresse

Zubereitung

1 Zitrone	Zitrone auspressen
1 - 2 EL Zitronensaft	Zitronensaft in Schüssel geben
1 kg Obst	Obst in kaltem Wasser waschen, nach Bedarf schälen und in mundgerechte Stücke schneiden oder würfeln. Dabei mit dem säuerlichsten Obst z. B. Orangen, beginnen. Obst sofort in Schüssel mit Zitronensaft geben.
Zucker oder Honig	Zucker oder Honig nach Geschmack dazugeben, Obstsalat noch einmal durchmischen und abschmecken.
Aufwertung:	Schlagsahne dazu reichen und / oder 2 EL gehackte Nüsse darüber streuen.

Kochen ist keine Zauberei!

1 Mit Ernährungswissen macht Kochen mehr Spaß

2.1 Einführung in die Ernährungslehre

Zu spät aufgestanden – ab zum Bus, zur Schule. Frühstück? Beim Bäcker ein Salamibrötchen auf die Hand, zu mehr reicht die Zeit nicht. Mittags: Nudeln in der Schulmensa, abends vorm Kino ein Döner und zum Film Popcorn und Cola.

Solche Tage kennt jeder. Abends im Bett meldet sich dann das schlechte Gewissen: Zu viel Fast Food gegessen? Keinen Sport gemacht? Gibt es falsches und richtiges Essen? Welches Essen hält fit und gesund?

Das Wissen darüber, welche Lebensmittel für den Körper notwendig sind und warum, ist aus verschiedenen Gründen wichtig: Es geht beim Essen um die eigene Gesundheit und das persönliche Wohlbefinden. Aber auch in manchen Berufen, wie denen im Gastgewerbe und in der Hauswirtschaft, sind Ernährungskenntnisse von Berufs wegen erforderlich.

Der Koch und die Hauswirtschafterin arbeiten in der Küche mit Lebensmitteln und sind z. B. zuständig für die richtige Versorgung von Schulkindern oder alten Menschen 1.

Auch die Servicekraft im Gastgewerbe braucht Ernährungswissen. Wenn zum Beispiel ein Gast fragt, ob Milchprodukte im Essen verwendet wurden, muss die Bedienung richtig antworten können.

Zum Wohlfühlen braucht der Mensch aber mehr als nur Ernährungswissen. Genauso wichtig sind eine schöne Atmosphäre beim Essen, ein liebevoll gedeckter Tisch und im Restaurant guter Service. Regelmäßige Bewegung rundet eine bewusste Lebensweise ab.

AUFGABE

Sammeln Sie Aussagen über Ernährung aus Werbespots und Anzeigen. Diskutieren Sie in der Klasse, ob Sie die Aussagen für richtig oder falsch halten.

DGE-Ernährungskreis®, Copyright: Deutsche Gesellschaft für Ernährung e.V., Bonn

2 Ernährungskreis der Deutschen Gesellschaft für Ernährung

Tab. 1: Vorkommen von Nährstoffen

Nährstoffe	Wo kommen sie vor?
Kohlenhydrate	Getreide, Reis, Nudeln, Kartoffeln
Fett	Öle, Butter, Margarine, Fleisch, Wurst, fettreicher Käse
Eiweiß	Milch, Milchprodukte, Fleisch, Fisch
Vitamine	Gemüse, Obst, Vollkornprodukte, Milchprodukte, Fleisch, Fisch
Mineralstoffe/ Spurenelemente	Gemüse, Obst, Vollkornprodukte, Milchprodukte, Fleisch, Fisch

Ernährungskreis

Der **Ernährungskreis** ist ein einfaches Hilfsmittel, um zu wissen, welche Lebensmittel man täglich in welcher Menge essen sollte 2. Nahrungsmittel und Getränke sind darin in sieben Gruppen eingeteilt.

Dabei gibt es keine richtigen oder falschen Lebensmittel, nur ein Mehr oder Weniger: In den größeren Feldern 1 bis 4 sowie 7 sind die Lebensmittel vertreten, die viele wichtige **Nährstoffe** enthalten (Tab. 1 und 2). Sie sollten täglich und reichlich gegessen werden.

Nur in kleinen Mengen benötigt werden dagegen die Lebensmittel der Felder 5 und 6.

Faustregel: Je größer das Feld im Ernährungskreis, umso mehr sollte von diesen Lebensmitteln gegessen werden.

Der Ernährungskreis gilt für Erwachsene und alte Menschen, ebenso wie für Jugendliche. Die Hauswirtschafterin kann ihn z. B. anwenden, wenn sie einen Speiseplan im Altenheim aufstellt, der Koch plant danach z. B. seinen Mittagstisch. Auch der Schüler kann sich beim Kochen an den Ernährungskreis halten.

Tab. 2: Aufgaben von Nährstoffen

Nährstoffe	Welche Aufgaben haben sie z. B.?
Kohlenhydrate	liefern Energie, fördern die Verdauung
Fett	liefert Energie und lebensnotwendige Fettsäuren
Eiweiß	Aufbau und Erhalt von Zellen und Muskeln
Vitamine	unterstützen das Wachstum, stärken die Abwehrkräfte
Mineralstoffe/ Spurenelemente	beteiligt am Knochenaufbau, unterstützen die Schilddrüsenfunktion

Die 10 Regeln der DGE

1. Vielseitig essen
2. Reichlich Getreideprodukte und Kartoffeln
3. Gemüse und Obst – nimm „5 am Tag“
4. Täglich Milch und Milchprodukte; ein- bis zweimal in der Woche Fisch; Fleisch, Wurstwaren und Eier in Maßen
5. Wenig Fett und fettreiche Lebensmittel
6. Zucker und Salz in Maßen
7. Reichlich Flüssigkeit
8. Schmackhaft und schonend zubereiten
9. Nehmen Sie sich Zeit, genießen Sie Ihr Essen
10. Achten Sie auf Ihr Gewicht und bleiben Sie in Bewegung

1 **10 Regeln der Deutschen Gesellschaft für Ernährung (DGE)**

Ernährungsregeln

Gesund bleiben, leistungsfähig sein und sich wohlfühlen – das möchte jeder. Eine vollwertige Ernährung und eine bewusste Lebensweise nach den 10 Regeln der **Deutschen Gesellschaft für Ernährung** tragen dazu bei 1.

Die 1. Regel lautet: Vielseitig essen. Damit der Mensch alle Nährstoffe bekommt, die er braucht, sollte er abwechslungsreich essen.

! Viele verschiedene Lebensmittel liefern viele verschiedene Nährstoffe.

Die Gemüsebeilage, z. B. in der Mensa, sollte täglich wechseln. An einem Tag gibt es Bohnen, am nächsten Tag Paprika oder Mais.

AUFGABE

Machen Sie für eine Woche Vorschläge für sieben verschiedene Frühstücksvarianten.

Getreide und Kartoffeln

Getreideprodukte und **Kartoffeln** stehen in der größten Gruppe des Ernährungskreises. Sie sollten damit Hauptbestandteil des täglichen Essens sein (Tab. 1).

Besonders hochwertig sind **Vollkornprodukte** wie Vollkornbrot, Naturreis und Vollkornnudeln. Sie enthalten bis zu siebenmal mehr Nährstoffe als Weißbrot oder helle Nudeln.

Nährstoffreich sind auch Kartoffeln. Sie können als Salz- und Pellkartoffeln oder als selbst gemachtes Püree oft auf den Tisch kommen.

Tab. 1: Mengenvorschläge für Erwachsene

Lebensmittel	Mengen pro Tag
Getreideprodukte und Kartoffeln	4–6 Scheiben Brot + 3–4 Kartoffeln **oder**
	3 Scheiben Brot + 6 EL Haferflocken + 200 g gekochte Nudeln

2 Nimm „5 am Tag“

3 Auswahl an Obst- und Gemüsesorten

AUFGABE

1. Benennen Sie fünf Obst- und fünf Gemüsesorten von Bild 3.
2. Informieren Sie sich, wann diese jeweils Saison haben.

Gemüse und Obst

Nimm „5 am Tag“ 2! Täglich fünf Portionen **Obst** und **Gemüse** – jede so groß wie eine Handvoll – liefern reichlich Vitamine, Mineralstoffe und **sekundäre Pflanzenstoffe**. Diese schützen vor Krankheiten, z. B. vor Krebs.

Die meisten dieser wichtigen Inhaltsstoffe sind in frischem Obst und Gemüse enthalten. Deshalb beim Einkauf auf Folgendes achten:

- Produkte aus der Region bevorzugen,
- Obst- und Gemüsesorten kaufen, die gerade Saison haben, z. B. Tomaten und Himbeeren im Sommer, Kohl und Orangen im Winter.

Tiefgefrorenes Gemüse und Obst ist besonders im Winter, wenn es weniger frische Ware gibt, eine hochwertige Alternative.

Tiefkühl-Ware lässt sich außerdem schnell und mit wenig Arbeit einsetzen, ein echtes Plus für den Koch im Gastgewerbe.

Milch, Milchprodukte und Käse

Milch, Joghurt oder Käse sind Lieferanten für den Mineralstoff **Calcium** – wichtig für gesunde Knochen und Zähne. Sie enthalten außerdem hochwertiges Eiweiß und Vitamine.

Erwachsene sowie Kinder sollten viel Milch und **Milchprodukte** zu sich nehmen 4. Viel Calcium enthalten diese Produkte:

- frische Vollmilch, fettarme oder H-Milch,
- Buttermilch oder Kefir.

Wer keine Milch mag oder verträgt, kann evtl. auf Joghurt, Quark und Käse ausweichen. Käse ist in fettarmen Sorten zu bevorzugen.

4 Mengenvorschläge für Erwachsene pro Tag

Tab. 1: Mengenvorschläge für Erwachsene	
Lebensmittel	**Mengen pro Woche**
Fleisch und Wurst	300–600 g, z. B. 1 Kotelett + 1 Stück Putenbrust + 3 Portionen Salami + 3 Portionen Jagdwurst
Fisch	150–220 g Seefisch, z. B. 1 großes Seelachsfilet + 1 Stück geräucherte Makrele
Eier	bis zu 3 Eier (inklusive verarbeitete Eier, z. B. in Gebäck)

1 Fettgehalt von Kartoffelgerichten

AUFGABE

Erstellen Sie eine Wochenkarte für den Mittagstisch in einem Altenheim. Berücksichtigen Sie dabei die Mengenvorschläge in Tab. 1.

Fleisch, Wurst, Fisch und Eier

Fleisch, **Fisch** und **Eier** sind hochwertige Lebensmittel, da sie reichlich Eiweiß, B-Vitamine und Mineralstoffe wie Eisen oder Zink liefern.

Sie enthalten aber auch Purine und gesättigte Fettsäuren. Zu viel von diesen Stoffen kann z. B. Gicht verursachen. Daher sollten Fleisch und Wurst nicht täglich und nur in kleinen Mengen gegessen werden (Tab. 1).

Seefisch gehört jede Woche auf den Speiseplan, egal ob zuhause oder in der Mensa (Tab. 1), denn:

- Seefisch ist, neben Jodsalz, der einzige bedeutende Lieferant von **Jod**, das für die Funktion der Schilddrüse gebraucht wird.
- Fettreiche Seefische wie Makrele oder Hering enthalten lebensnotwendige Fettsäuren.

Fette und Öle

Fette und **Öle** enthalten wichtige ungesättigte Fettsäuren sowie die Vitamine A, D, E, K. Sie sind aber auch sehr energiereich und können zum Entstehen von **Übergewicht** beitragen.

Mit Butter, Schmalz oder Ölen sollte deshalb sparsam umgegangen werden. Das gilt für jeden, der kocht, ob Hauswirtschafterin oder Koch. Zum Zubereiten von Salatdressings sind hochwertige Pflanzenöle wie Olivenöl, Raps- oder Sojaöl am besten geeignet.

Außer sichtbarem Brat- oder Streichfett gibt es auch versteckte Fette 1. Es versteckt sich z. B. in Wurst, Süßigkeiten, Fertiggerichten und Pommes Frites.

AUFGABE

Überlegen Sie, was Sie in den letzten Tagen mittags gegessen haben. Welche fettreichen Lebensmittel waren dabei?

2 Würzen mit frischen Kräutern

3 Fruchtsaftanteil von Getränken

+ Sammeln Sie Argumente dafür, warum Milch als Nahrungsmittel eingestuft wird. Diskutieren Sie Ihre Ergebnisse in der Klasse.

Zucker und Salz in Maßen

Zuckerreiche **Süßigkeiten**, Kekse und Kuchen sind nicht im Ernährungskreis enthalten, da der Körper sie zum Leben nicht benötigt. Stattdessen liefern sie viele Kalorien und Fett.

Aus dem täglichen Essen sind sie allerdings nicht wegzudenken. Wer pro Tag z. B. zwei Schokoküsse bzw. 2 Gläser Limonade trinkt, oder 50 g Gummiteddys isst, ernährt sich trotzdem noch gesund.

Auch **Salz** ist in geringen Mengen zu verwenden. Denn zu viel Salz kann bei manchen Menschen zu Bluthochdruck führen. Wenn Salz gebraucht wird, sollte es **jodiertes** und fluoridiertes Salz sein.

! Zuhause, im Gastgewerbe und in der Hauswirtschaft Jodsalz verwenden.

Zum Würzen der Speisen sind frische oder tiefgekühlte Kräuter, z. B. Thymian, Oregano und Petersilie, bestens geeignet 2.

Reichlich Flüssigkeit

Nur wenn unser Körper reichlich **Flüssigkeit** zur Verfügung hat, funktioniert er reibungslos. Deshalb sollten Erwachsene täglich 1 ½ bis 2 Liter trinken, zusätzlich zu der Flüssigkeit, die in Lebensmitteln enthalten ist.

Aber nicht alle **Getränke** sind gleich gut geeignet, den Durst zu löschen (Tab. 2): Saft ist nicht gleich Saft 3, Milch ist ein Nahrungsmittel und ein Liter Eistee enthält 20 bis 25 Stücke Zucker.

Tab. 2: Getränke

empfehlenswert	nicht empfehlenswert
• Wasser und Mineralwasser • Früchte- und Kräutertees (ungesüßt) • Fruchtsäfte, verdünnt mit Wasser	• Cola • Fruchtsaftgetränke, Fruchtnektare • Energy-Drinks • alkoholische Getränke, Alcopops

1 Genießen mit Zeit und Ruhe

2 Das Auge isst mit

Zubereiten und Genießen

Zu einem leckeren Essen trägt neben der richtigen Lebensmittelauswahl auch deren **Zubereitung** bei (Tab. 1).
Ein frisch gegrilltes Steak mit knackigem Paprikagemüse schmeckt erst richtig gut, wenn man sich auch Zeit zum Essen und Genießen nimmt.

Also Genießen ohne Ablenkung: Zuhause bleibt der Fernseher aus und das Buch bleibt liegen. Im Restaurant sorgt eine Servicekraft mit einem guten Service für eine angenehme und ruhige Atmosphäre beim Essen 1.

Essen soll nicht nur satt machen. Wer bewusst mit allen Sinnen isst, hat mehr Freude an seinem Essen:

- Der Duft einer selbst gemachten Pizza weckt die Vorfreude auf das Essen.
- Die bunten Farben eines frischen Salates sind schon ein Genuss für die Augen 2.
- Die cremige Fruchtspeise langsam im Munde zergehen lassen – und genüsslich satt werden.

Ein schön eingedeckter Tisch, festlich gefaltete Servietten und ein hübsch dekorierter Raum machen auch das tägliche Essen zu einem Erlebnis.

Tab. 1: Zubereiten von Speisen

Zubereitungshinweis	Warum ist das wichtig?
Gemüse kurz dünsten oder dämpfen	Gemüse bleibt knackig und behält seine Nährstoffe
wenig Fett beim Braten verwenden	• natürlicher Geschmack der Lebensmittel bleibt erhalten • Kalorien werden eingespart
Zucker und Salz sparsam einsetzen	Eigengeschmack der Lebensmittel bleibt erhalten

3 Je mehr Bewegung umso besser

4 Bewegung hält fit

In Bewegung bleiben

Neben der richtigen Ernährung ist auch regelmäßige Bewegung wichtig, um gesund zu bleiben und sein **Gewicht** zu halten. Es gibt viele Möglichkeiten, sich zu bewegen und Sport zu treiben 3.

Ein kleiner Spaziergang nach dem Mittagessen macht wieder fit für die nächste Schulstunde. Abends in der Disco tanzen macht den Kopf frei vom Stress. Mit Freunden Fahrrad fahren macht Spaß 4, im Sommer öfter ein paar Bahnen im Freibad schwimmen lässt überflüssige Pfunde schmelzen.

Regelmäßige Bewegung, am besten mehrmals pro Woche:

- macht Spaß,
- ist ein Ausgleich zum Alltag und zu sitzenden Tätigkeiten,
- kräftigt die Muskeln, hält gesund und
- hilft, das Gewicht zu halten.

AUFGABE

Wie lässt sich mehr Bewegung in Ihren Alltag einbauen?

Machen Sie Vorschläge.

ZUSAMMENFASSUNG

Viele verschiedene Lebensmittel essen und reichlich trinken → Den Körper mit allen nötigen Nährstoffen versorgen → Das Essen mit allen Sinnen genießen und regelmäßig bewegen → Gesund und fit sein, zufrieden und schön bleiben

1 Einladender Frühstückstisch

2 Einkaufsplanung

2.2 Einkaufen, Lagern und Konservieren

In der ersten eigenen Wohnung die Freundin zum Frühstück einladen ist eine tolle Idee 1. Allerdings gibt es vorher vieles zu bedenken und vorzubereiten.

Neben dem Herrichten der Wohnung ist vor allem die Planung und Zubereitung der Speisen von Bedeutung.

Deshalb gehört zur Vorbereitung auch das Einkaufen, Lagern und Konservieren von Lebensmitteln.

Bei der Vor- und Zubereitung von Speisen wird außerdem Fachwissen über die Verarbeitung von Lebensmitteln benötigt.

Damit das Essen ein Erfolg wird, sollten außerdem ganz besondere, regionale und jahreszeitliche Gerichte ausgewählt werden.

Überlegungen vor dem Einkauf

Als Erstes wird eine Einkaufsliste für alle benötigten Lebensmitteln erstellt. Mit dieser Liste wird kontrolliert, welche Lebensmittel im Kühlschrank, Kühl- oder Vorratslager und im Speiseschrank vorhanden sind 2.

Vor dem Einkauf werden die Preise der Lebensmittel miteinander verglichen. Preisinformationen findet man z. B. in der Zeitung, in Werbeprospekten oder im Internet.

Einkaufen kann man u. a.:

- im **Supermarkt** (Einzelhandelsgeschäft), der sich durch ein großes Warensortiment mit höheren Preisen auszeichnet,
- im **Discounter**, wo das Warensortiment kleiner ist, mit günstigeren Preisen,
- auf dem **Wochenmarkt**, dort werden frische, saisonale und regionale Produkte angeboten.

Im **Großhandel** kaufen Großbetriebe ein.

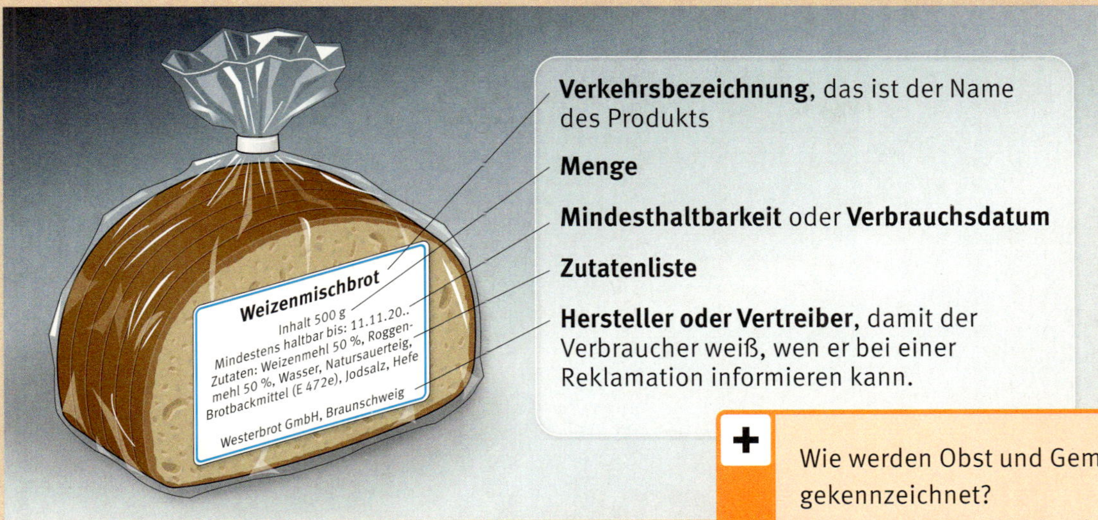

3 Lebensmittelkennzeichnung

+ Wie werden Obst und Gemüse gekennzeichnet? Erkundigen Sie sich darüber bei einem Einkauf im Supermarkt.

Tipps für den Einkauf

Um den Einkauf gut vorbereitet zu starten, sind einige Vorüberlegungen und Vorbereitungen notwendig, z. B.:

- Einkaufs- oder Tiefkühltasche mitnehmen,
- Preise vergleichen,
- preisgünstige Produkte berücksichtigen,
- auf das Mindesthaltbarkeitsdatum (MHD) achten,
- saisonale, regionale und Bio-Produkte berücksichtigen (Tab. 1).

Die **Lebensmittelkennzeichnung** 3 ist gesetzlich vorgeschrieben und gibt dem Käufer wichtige Informationen über die Lebensmittel und deren Zusätze.

Dazu gehört u. a. die **Zutatenliste**, in der alle Zutaten in absteigender Folge aufgelistet werden. Die größte Menge zuerst, die kleinste zuletzt.

Das **Mindesthaltbarkeitsdatum** (MHD) gibt an, wie lange ein Lebensmittel bei richtiger Lagerung mindestens haltbar ist.

Tab. 1: Produktvielfalt

Produkte	Was sind die Vorteile?
saisonale Produkte	Produkte werden während ihrer Erntezeit in großen Mengen günstig angeboten, z. B. deutsche Erdbeeren im Mai und Juni
regionale Produkte	Produkte aus der näheren Umgebung oder direkt vom Bauern, z. B. Kartoffeln, müssen nicht von weither angeliefert werden
Bio-Produkte	Lebensmittel, die z. B. ohne künstliche Dünger und Pflanzenschutzmittel angebaut wurden, und damit einen Beitrag zur Gesunderhaltung der Umwelt leisten

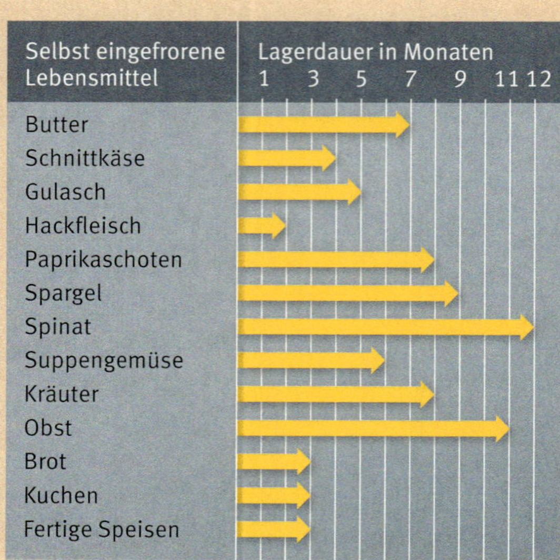

1 Lagerdauer

2 Trockenlager

Lagern von Lebensmitteln

Die richtige Lagerung von Lebensmitteln verlängert die Haltbarkeit, erhält den Nährwert und bewahrt das frische Aussehen.

Wenn Lebensmittel nur einen Tag gelagert werden, spricht man von **Aufbewahrung**.

Als **kurzfristige Lagerung** gilt ein Zeitraum von wenigen Tagen. So aufbewahrte Lebensmittel müssen schnell verbraucht werden.

Von **langfristiger Lagerung** spricht man bei Zeiträumen von mehreren Wochen bis zu Jahren 1.

Im privaten Haushalt bieten sich Keller, Speisekammer, Kühlschrank und Gefriertruhe als Lagerorte an.

Für das Gastgewerbe und Großbetriebe sind es nach Lebensmittelgruppen getrennte **Trocken-**, **Kühl-** und **Tiefkühllager** 2.

Idealerweise gilt bei der Lagerung von Lebensmitteln (Tab. 1):

- temperaturgerecht lagern,
- lebensmittelgerechte Verpackungen verwenden, z. B. Gefrierbeutel,
- Lagerräume monatlich reinigen,
- Mindesthaltbarkeitsdatum prüfen.

Tab. 1: Lagerbedingungen

Lagerung	Was sind die Vorteile?	Beispiele
kalt	Lebensmittel bleiben länger frisch	Fleisch, Käse, Wurst
dunkel	Vitamine gehen nicht so schnell verloren	Gemüse, Obst
trocken	Lebensmittel verderben nicht so schnell	Brot, Zucker, Salz

3 Lagerung im Kühlschrank

+ Welche Lebensmittel gehören nicht in den Kühlschrank? Begründen Sie.

Lagerung im Kühlschrank

Leicht verderbliche Lebensmittel werden im Kühlschrank gelagert. Dort gibt es unterschiedliche Temperaturbereiche (Tab. 2).

Tab. 2: Temperaturbereiche im Kühlschrank

Lebensmittel	Wie kalt lagern?
Fisch, Fleisch, Wurst	2–3 °C
Milch und Milchprodukte	4–5 °C
Käse und zubereitete Speisen	6–8 °C
Butter, Eier, Getränke	10–12 °C
Obst und Gemüse	10 °C

AUFGABE

In welchen Fächern des Kühlschranks werden die einzelnen Lebensmittel aus Tab. 2 gelagert?

Die Sterne am Gefrierfach des Kühlschranks geben die Temperatur und die Lagerdauer für Tiefkühlprodukte an.

Stern	Temperatur	Lagerdauer
*	mind. – 6 °C	1–3 Tage
**	mind. – 12 °C	1–2 Wochen
***	mind. – 18 °C	2–3 Monate
****	– 18 bis – 25 °C	3 Monate und länger

Grundsätzlich ist beim Lagern von Lebensmitteln im Kühlschrank zu beachten:

- Lebensmittel nach dem Einkauf sofort richtig einsortieren 3,
- Lebensmittel abdecken oder verpacken,
- Kühlschranktür nur wenn nötig öffnen,
- warme Speisen vor dem Einräumen erst komplett abkühlen lassen,
- was als Erstes eingelagert wurde, als Erstes verbrauchen. Das nennt man: First in – First out.

1 Konservierte Lebensmittel

2 Vakuumieren von Lebensmitteln

+ Erkundigen Sie sich im Internet über die Verfahren Trocknen, Salzen, Pökeln und Säuern.

Konservierungsverfahren

Obst und Gemüse sind während der Erntezeit – die man als Saison bezeichnet – meistens preisgünstig, vitaminreich, schmackhaft und frisch in der Farbe.

Um diese Lebensmittel so lange wie möglich frisch zu halten und den Verderb zu verlangsamen, werden sie haltbar gemacht. Das nennt man **Konservierung** 1 .

Das Wachstum der Mikroorganismen wird gehemmt oder verhindert durch:

- Sauerstoff- und Lichtentzug,
- Wasserreduzierung und
- Temperaturänderung.

Zu diesem Zweck wird im Haushalt und Gastgewerbe vorrangig vakuumiert, tiefgefroren und z. B. Konfitüre hergestellt.

Trocknen, Salzen, Pökeln und Säuern sind althergebrachte Konservierungsverfahren.

Beim **Vakuumieren** wird mithilfe eines Vakuumierers die gesamte Luft aus dem Plastikbeutel gesogen 2 . Vakuumierte Lebensmittel werden zusätzlich gekühlt oder tiefgefroren. So wird die reguläre Haltbarkeit erhöht. Werden vakuumierte Lebensmittel bei –18 °C **tiefgefroren**, bleiben die Lebensmittel bis zu einem Jahr haltbar.

Die Verwendung von Lebensmittel geeigneten Tiefkühlbeuteln oder -behältern ist die Voraussetzung dafür, dass die Lebensmittel während des Tiefgefrierens ihre natürliche Farbe und ihren Geschmack behalten.

Die Herstellung von **Konfitüre** ist auch eine Form der Konservierung. Dabei wird durch Kochen sowie die Zugabe von Geliermittel und Zucker Obst langfristig haltbar gemacht.

AUFGABE

Durch welche Verfahren werden Lebensmittel langfristig haltbar gemacht? Nennen Sie Beispiele.

3 **Arbeitsmittel zum Tiefgefrieren**

4 **Arbeitsmittel für Konfitüre**

AUFGABE

Warum wird auf selbst hergestellte Produkte auch ein Etikett geklebt?

Tipps zum Konservieren

Zum Konservieren werden nur einwandfreie und frische Lebensmittel verwendet. Sie müssen vorher gewaschen, geputzt und dann portioniert werden. Auf einen sauberen Arbeitsplatz ist dabei besonders zu achten.

- Arbeitsmittel bereitstellen 3, 4,
- Gemüse zum Tiefgefrieren vorher **blanchieren**, dazu 2–3 Min. in kochendes Wasser geben,
- Gefriergut z. B. in Gefrierbeutel flach und vakuumiert verpacken,
- Beschriftung: Name, Menge, Datum, evtl. Zutaten.

Herstellen von Konfitüre

Konfitüre selbst herzustellen ist einfach und macht Spaß 4.

Gläser und Deckel abwaschen, heiß nachspülen, nicht abtrocknen

↓

Früchte waschen, putzen und klein schneiden

↓

Konfitüre nach Geliermittelangaben zubereiten, abfüllen, abkühlen und Etikett aufkleben

ZUSAMMENFASSUNG

Vorräte überprüfen und Einkauf planen → Lebensmittel richtig lagern → Haltbarkeit durch Konservierung verlängern → Tipps zum Konservieren beachten

1 Herd mit Backofen

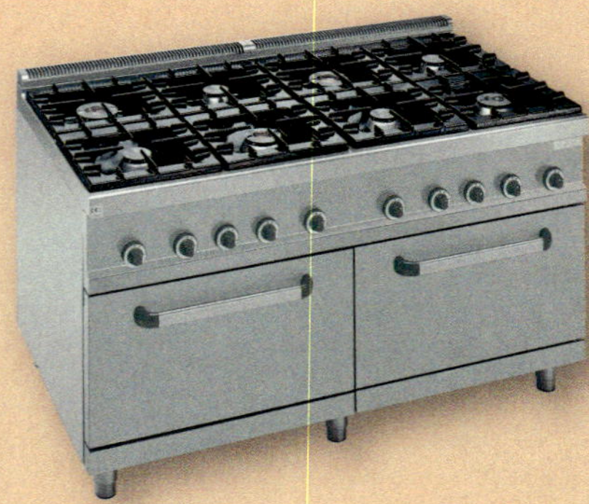

2 Herd mit Gaskochstelle

AUFGABE

Wählen Sie jeweils zwei passende Gerichte für die einzelnen Backofenbeheizungen aus.

2.3 Zubereiten von Speisen

Herd und Backofen

Für die Zubereitung von Speisen stehen im Gastgewerbe und in der Hauswirtschaft unterschiedliche Geräte zur Verfügung. Das am häufigsten genutzte Gerät in der Küche ist der **Herd** 1. Oben auf dem Herd befinden sich die Kochstellen, unterhalb der Backofen.

Es gibt:
- die elektrische **Kochplatte**,
- die **Gaskochstelle** 2,
- das **Kochfeld aus Glaskeramik**,
- das **Induktionskochfeld**.

Bei der elektrischen Kochplatte, der Gaskochstelle und dem Kochfeld aus Glaskeramik ①, erfolgt die Wärmeübertragung direkt auf das Kochgeschirr.

Beim Induktionskochfeld wird die Wärme zum Garen im Topfboden gebildet. Deshalb muss er magnetisch sein.

Im **Backofen** gibt es verschiedene Beheizungsarten (Tab. 1). Bei der Einstellung Ober- und Unterhitze wird die Speise durch heiße Luft von oben und unten gegart. Bei Umluft oder Heißluft wird die warme Luft durch einen Ventilator im Ofen verwirbelt. Beim Grillen wird die Speise durch Heizstäbe gegart und gebräunt.

Tab. 1: Backofenbeheizung

Beispiel	Symbol	Wofür wird die Beheizung z. B. genutzt?
Ober- und Unterhitze		Backen, Braten auf einer Ebene (Einschub genannt)
Um- oder Heißluft		Backen, Schmoren auf mehreren Ebenen (Einschübe)
Grillen		Grillen und Überbacken

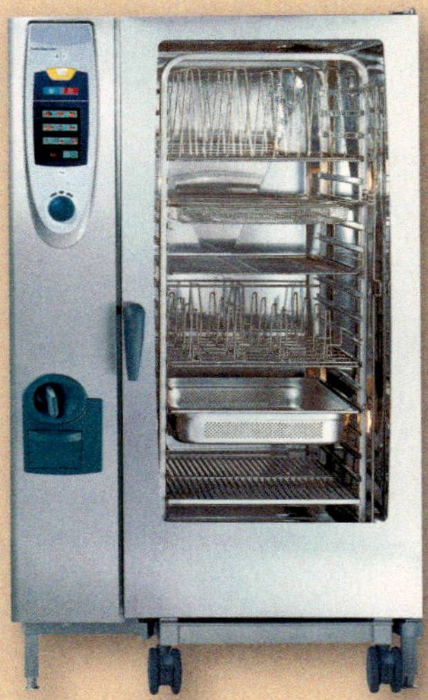

3 Kombidämpfer

5 Kippbratpfanne

Geräte zum Garen

In Großküchen und im Gastgewerbe kommt der **Kombidämpfer** 3 sehr häufig zum Einsatz. In ihm können verschiedene Garverfahren wie Dämpfen, Dünsten, Braten, Schmcren und Backen angewendet werden.

Das **Mikrowellengerät** 4 ist eine sinnvolle Ergänzung in jeder Küche. Durch elektromagnetische Wellen werden Speisen in sehr kurzer Zeit erhitzt oder aufgetaut.

In einer Mikrowelle darf nur mikrowellengeeignetes Geschirr wie z. B. Porzellan, Glas oder Kunststoff benutzt werden.

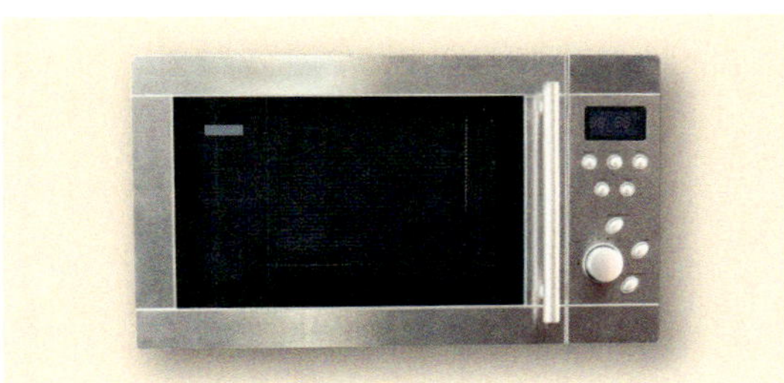

4 Mikrowelle

Die **Kippbratpfanne** 5 wird für alle Garverfahren genutzt, bei denen große Hitze benötigt wird, z. B. Braten von Fleisch.

Kippbratpfannen sind kippbar und haben eine Auslaufnase. Damit können Speisen ohne viel Kraftaufwand ausgekippt werden.

Im **Kochkessel** 6 wird die Wärme über die Seitenwände auf das Gargut übertragen. Dadurch kommt der Kesselinhalt, z. B. Suppen oder Eintöpfe, schnell zum Kochen.

6 Kochkessel

Topf, Pfanne ①

Backform, Backblech ③

Auflaufform ②

Gastronormbehälter ④

+ Warum haben sich Gastronormbehälter in der Großküche durchgesetzt?

Kochgeschirr

Die Zubereitung von Speisen ist nur mit dem passenden **Kochgeschirr** möglich (Tab. 1).

Bei **Töpfen** und **Pfannen** ① darauf achten:

- dass die Deckel gut schließen,
- dass der Topfboden eben auf der Kochstelle aufliegt,
- dass der Durchmesser des Topfbodens zur Größe der Kochstelle passt – das spart Energie.

Auflaufformen ②, z. B. aus Glas, Keramik oder Schwarzblech, werden zum Überbacken und Garen genutzt.

Backformen und **Backbleche** eignen sich für verschiedene Gebäcke ③. Die **Fettpfanne** kommt bei Gebäck mit saftigem Belag zum Einsatz, z. B. Rhabarberkuchen.

Gastronormbehälter (GN) ④ stehen für den Einsatz im Kombidämpfer in unterschiedlichen Größen und Materialien zur Verfügung.

Tab. 1: Kochgeschirr

Beispiel	Wofür wird es eingesetzt?
① Topf, Pfanne	Dämpfen, Dünsten, Braten
② Auflaufform	Überbacken und Garen im Backofen
③ Backform, Backblech	Backen im Backofen
④ Gastronormbehälter (GN)	in Großküchen z. B. zum Dämpfen, Dünsten, Schmoren, Braten, Auftauen und für den Transport von Speisen

Beispiel	Bezeichnung	Wofür wird es eingesetzt?
	Gemüse-/ Officemesser	Putzen und Zerkleinern z. B. von Gemüse
	Kochmesser	Schneiden von Zwiebeln
	Schäl-/ Tourniermesser	Schälen von Gemüse und Schneiden von dekorativen Formen
	Buntmesser	Schneiden von Gemüse in gewellte Scheiben
	Tomaten-messer	Aufschneiden von Tomaten und Obst mit fester Schale
	Sparschäler	zum gleichmäßigen dünnen Schälen von Obst und Gemüse

1 Geräte zum Vorbereiten

Geräte zum Vorbereiten

Geräte zum Vorbereiten von Lebensmitteln dienen dem Schälen, Schneiden und Reiben.

Grundsätzlich gilt für alle Arbeitsgeräte, dass:

- sie gut in der Hand liegen,
- sie leicht zu reinigen und stabil sind,
- sie funktionsbereit sind,
- sie nur dem Zweck entsprechend eingesetzt werden.

Bei Messern sollte der Messergriff gut in der Hand liegen, um nicht abzurutschen 1. Die scharfe Messerklinge sollte länger als das Lebensmittel sein, das geschnitten wird.

Zum feinen Zerkleinern von Gemüse werden Reiben benutzt (Tab. 2). Besonders schnell geht es mit dem elektrischen Schnitzelwerk der Küchenmaschine.

! Messer nicht im Spülwasser liegen lassen, damit sich niemand daran verletzt.

Tab. 2: Ausgewählte Geräte

Beispiel	Bezeichnung	Wofür wird es eingesetzt?
	Rohkostreibe	zum mittelfeinen Zerkleinern z. B. von Gemüse wie Möhren und Rote Bete
	Gemüsereibe	zum gröberen Zerkleinern z. B. von Kartoffeln für Puffer

Beispiel	Bezeichnung	Wofür wird es eingesetzt?
	Rührschüssel	Herstellen von Teigen und Massen
	Teigschaber	Schüsseln entleeren
	Schaumkelle	Klöße aus dem Wasser heben
	Pfannenwender	Fleisch in der Pfanne wenden
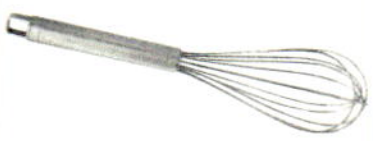	Schneebesen	Herstellen von Soßen

1 **Manuelle Küchengeräte**

Küchengeräte

Viele Küchengeräte werden sowohl im Haushalt als auch im Großbetrieb eingesetzt. Sie unterstützen die Hauswirtschafterin und den Koch bei der Ausführung ihrer Tätigkeiten.

Manuelle Geräte wie der Schneebesen 1 und elektrische Geräte, z. B. das Handrührgerät (Tab. 1), werden beim Vor- und Zubereiten von Speisen und Teigen eingesetzt.

Welche Küchengeräte beim Kochen gebraucht werden, ergibt sich aus den Angaben der jeweiligen Rezepte.

Elektrische Geräte sind eine wertvolle Hilfe, wenn es besonders schnell gehen oder wenn im Großhaushalt z. B. große Mengen Kuchenteig hergestellt werden sollen.

Ihr Einsatz spart viel Zeit und Kraft, die für andere Tätigkeiten genutzt werden können.

Tab. 1: Elektrische Küchengeräte

Beispiel	Bezeichnung	Wofür wird es eingesetzt?
	Handrührgerät	Biskuitmassen herstellen, Sahne oder Eiweiß schlagen
	Küchenmaschine	Gemüse raspeln oder reiben, Teige kneten, Suppen pürieren

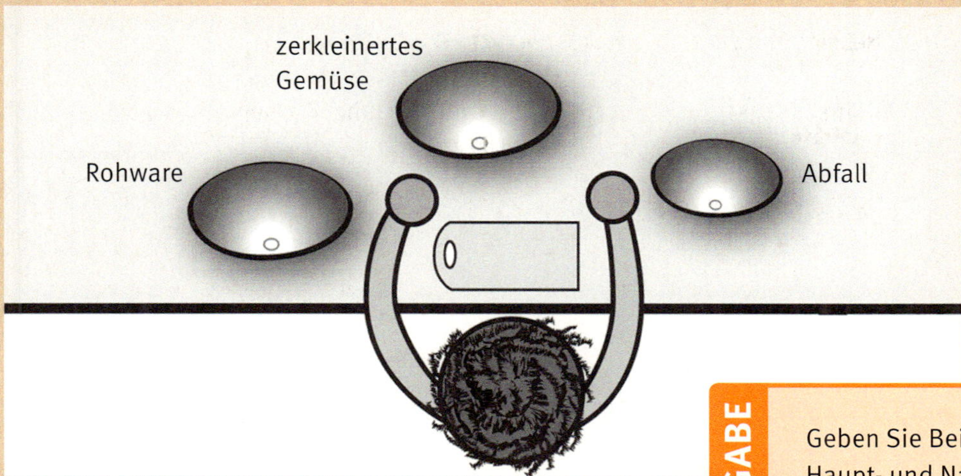

2 Arbeitsplatzaufbau für einen Rechtshänder beim Schneiden von Gemüse

AUFGABE

Geben Sie Beispiele für Vor-, Haupt- und Nacharbeiten bei der Zubereitung eines Gulaschs an.

Aufbau des Arbeitsplatzes

Ein gut geplanter und aufgebauter Arbeitsplatz erleichtert das Arbeiten und vermeidet Unterbrechungen während der Produktion 2.

Damit der Arbeitsablauf optimal ist, wird der Arbeitsplatz auf den Rechts- bzw. Linkshänder abgestimmt.

Arbeitsgeräte, die oft benötigt werden, stehen in Greifnähe. Gegenstände, die nicht so häufig genutzt werden, stehen weiter weg.

Die anfallenden Arbeiten werden so geplant, dass sie möglichst in Serie und mit wenig Kraftaufwand und Zeit durchgeführt werden.

Bei der Serienarbeit werden z. B. erst alle Lebensmittel gewaschen, geputzt und erst dann zerkleinert.

Während des Arbeitens das Überkreuzen der Arme vermeiden. Und den Rücken immer gerade halten.

Einzelne Tätigkeiten werden in **Vor-, Haupt-** und **Nacharbeiten** unterteilt. Am Beispiel „Herstellen eines Salates“ werden diese erklärt.

Vorarbeiten:
Arbeitsplatz aufbauen,
Lebensmittel bereitstellen,
Salat in kaltem stehenden Wasser waschen, vorsichtig trocknen.

↓

Hauptarbeiten:
Marinade zubereiten.
Salat in mundgerechte Stücke zupfen und auf die Salatteller verteilen.
Die Marinade darübergeben.

↓

Nacharbeiten:
Salat bis zur Ausgabe kalt stellen.
Arbeitsplatz aufräumen und reinigen.

1 Paprikaschote entkernen

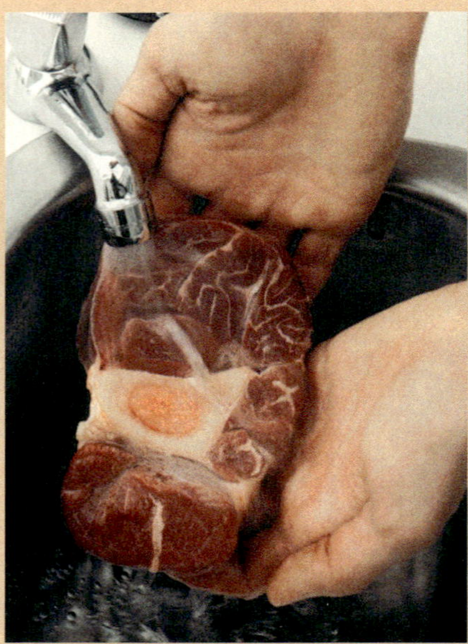

2 Fleisch waschen

Hygienehinweise:
- Tierische und pflanzliche Lebensmittel immer an getrennten Arbeitsplätzen vorbereiten.
- Frische tierische Lebensmittel stets kühl lagern.
- Wisch- und Trockentücher täglich austauschen.
- Arbeitsgeräte und Arbeitsflächen nach dem Gebrauch gründlich reinigen.

3 Hygienehinweise

Vorbereiten von Lebensmitteln

Lebensmittel werden vor dem Garen vorbereitet. Manche werden nur gewaschen, andere müssen zusätzlich geputzt und geschält werden (Tab. 1).

Beim **Waschen** wird Schmutz mit kaltem Wasser entfernt. **Putzen** heißt, schadhafte Stellen, z. B. durch Abschneiden, zu beseitigen. Beim **Schälen** wird die Schale mit einem Sparschäler oder Officemesser entfernt.

Tab. 1: Obst und Gemüse vorbereiten

Beispiel	Was wird gemacht?
Salat waschen	Blätter in stehendem kalten Wasser waschen
Lauch waschen	Stangen unter fließendem kalten Wasser waschen
Rosenkohl putzen	Außenblätter entfernen
Spargel schälen	Schale mit einem Spargelschäler entfernen

Nach dem Putzen werden manche Lebensmittel wie z. B. Paprika noch einmal kurz kalt abgespült, um die Kerne zu entfernen 1.

Beim Vorbereiten von Fleisch, Fisch und Geflügel muss darauf geachtet werden, dass keine Keime auf andere Lebensmittel übertragen werden. So ist z. B. beim Waschen von Fleisch darauf zu achten, dass kein Wasser auf andere Lebensmittel spritzt 2.

Die Arbeitsflächen zwischen und nach den Arbeitsgängen immer sofort reinigen.

Sauberes und sorgfältiges Arbeiten bei der Lebensmittelverarbeitung verringert das Risiko von Lebensmittelinfektionen 3.

AUFGABE

Warum müssen tierische und pflanzliche Lebensmittel an unterschiedlichen Arbeitsplätzen verarbeitet werden?

Würfeln ① Scheiben schneiden ② Julienne ③

4 Zerkleinerungsformen

Zerkleinern von Lebensmitteln

Um Lebensmittel in mundgerechte Stücke zu teilen, werden sie mithilfe verschiedener Geräte zerkleinert.

Folgende Zerkleinerungsformen kommen in der Küche häufig zur Anwendung 4 :

- **Würfeln** ①,
- **Scheiben schneiden** ②,
- **Julienne** (feine Streifen) **schneiden** ③,
- **Hobeln** ④,
- **Hacken** ⑤,
- **Passieren** ⑥.

Hobeln ④ Hacken ⑤

Das Messer ist in der Küche ein wichtiges Arbeitsgerät. Die Schneidearbeiten werden auf einem Schneidebrett ausgeführt. Damit das Brett nicht verrutscht, wird ein feuchtes Tuch daruntergelegt.

Anleitung zum Schneiden (Rechtshänder):

- Finger der linken Hand umfassen das Gemüse mit dem sogenannten Krallengriff,
- Achtung: Der Daumen muss immer hinter dem Zeigefinger liegen,
- Spitze des Messers steht auf dem Kunststoffbrett,
- Messer wird zum Schneiden gezogen und runtergedrückt, bis alles zerkleinert ist.

Passieren ⑥

Wärmeübertragung	Garverfahren	Temperatur
Garen mit feuchter Hitze	Dämpfen z. B. von Kartoffeln Dünsten z. B. von Möhren Kochen z. B. von Suppenhühnern, Hülsenfrüchten	80 °C–100 °C
Garen mit trockener Hitze	Braten z. B. von Frikadellen Backen z. B. von Hefeteig	140 °C–250 °C
Kombination aus trockener und feuchter Hitze	Schmoren z. B. von Gulasch Garen im Kombidämpfer z. B. Nudelauflauf und anschließendes Überbacken	80 °C–250 °C

1 Garverfahren

Garen von Lebensmitteln

Während Salat, Obst und unterschiedlichste Gemüse meistens roh verzehrt werden können, müssen andere Lebensmittel wie Kartoffeln gegart werden.

Durch das Garen verändert sich der Geschmack und appetitanregende Geruchs- und Röststoffe werden frei.

Die Hitzeeinwirkung tötet außerdem Bakterien und hemmt die Aktivität der Enzyme, sodass die Speisen länger haltbar bleiben.

Bestimmte Lebensmittel dürfen nur gegart verzehrt werden, weil

- erst durch das Erhitzen, z. B. bei Bohnen, gesundheitsschädliche Inhaltsstoffe unwirksam gemacht werden,
- Kartoffeln roh nahezu unverdaulich sind,
- Keime im Geflügel, z. B. Salmonellen, erst bei einer Temperatur von 80 °C absterben.

Man unterscheidet feuchte und trockene Garverfahren. Es kann auch eine Kombination aus beiden genutzt werden 1.

Durch die unterschiedlichen Garverfahren ergeben sich verschiedene Zubereitungsmöglichkeiten für ein und dasselbe Lebensmittel. Fisch z. B. kann man braten oder dünsten.

Für alle Garverfahren gilt:

- Garzeiten einhalten,
- wenig Fett verwenden,
- Zucker und Salz sparsam verwenden,
- die fertigen Speisen max. 30 Min. warm halten.

AUFGABE

1. Diskutieren Sie in der Klasse, warum Speisen nicht länger als 30 Min. warm gehalten werden sollten.
2. Was machen Sie mit fertigen Speisen, wenn diese erst in ein bis zwei Stunden verzehrt werden?

2 Dämpfen

3 Dünsten

4 Kochen

Dämpfen, Dünsten, Kochen

Die feuchten Garverfahren Dämpfen, Dünsten und Kochen wirken sich unterschiedlich auf die einzelnen Lebensmittel aus.

Die Wärmeübertragung beim Garen der Lebensmittel erfolgt über feuchte heiße Luft oder direkt durch das Wasser auf das Lebensmittel.

Dämpfen 2

Erklärung:
Garen im Wasserdampf mit Siebeinsatz bei einer Temperatur von ca. 100 °C.

Bewertung:
Geringe Nährstoffverluste, Farbe, Eigengeschmack und Form bleiben weitgehend erhalten.

Geeignete Lebensmittel:
Gemüse, Kartoffeln, Fisch, Obst, Fleisch.

Besonders zu beachten:
Topf mit Siebeinsatz verwenden.

Dünsten 3

Erklärung:
Garen im eigenen Saft oder unter Zugabe von wenig Flüssigkeit und Fett bei 80 °C–100 °C.

Bewertung:
Nährstoffschonend, Eigengeschmack und Farbe bleiben weitgehend erhalten.

Geeignete Lebensmittel:
Wasserhaltige Lebensmittel, z. B. Gemüse.

Besonders zu beachten:
Topfdeckel geschlossen halten, um Flüssigkeitsverlust zu vermeiden.

Kochen 4

Erklärung:
Garen in viel siedender (kochender) Flüssigkeit bei einer Temperatur von ca. 100 °C.

Bewertung:
Nährstoffe werden aus dem Lebensmittel in die Garflüssigkeit abgegeben.

Geeignete Lebensmittel:
Hülsenfrüchte, Teigwaren.

Besonders zu beachten:
Die Garflüssigkeit mitverwenden.

1 Braten

2 Backen

Braten und Backen

Braten und Backen gehören zu den trockenen Garverfahren. Die Wärmeübertragung erfolgt durch Strahlung auf das Lebensmittel.

Beim Braten und Backen werden Röststoffe gebildet. Dadurch bekommt das Gargut eine appetitanregende braune Farbe und eine knusprige Kruste. Die gebildeten Aromastoffe sorgen für den leckeren Geschmack.

Braten 1

Erklärung:
Garen und Bräunen im eigenen Fett oder in wenig heißem Fett bei ca. 180 °C.

Bewertung:
Schnelles Garen von kleinen Portionen und Bildung von Röststoffen.

Geeignete Lebensmittel:
Fleisch, Geflügel, Fisch.

Besonders zu beachten:
Wenig Fett verwenden.

Backen 2

Erklärung:
Backen ist Garen und Bräunen im Backofen bei ca. 140 °C–250 °C in trockener Luft.

Bewertung:
Es entstehen Röst- und Aromastoffe. Bei Gebäck entsteht die typische hellbraune Krume oder Kruste.

Geeignete Lebensmittel:
Teige, Massen, Aufläufe, Mehlspeisen.

Besonders zu beachten:
- Neben dem Backen im Ofen kann auch in der Pfanne, der Fritteuse oder im Kombidämpfer gebacken werden.
- Geeignete Back- oder Auflaufformen werden mit dem Rost eingesetzt. Die richtige Einschubhöhe ist dabei, wie im Rezept angegeben, zu beachten.
- Backformen sollten gut die Wärme leiten, sich leicht vom Gebäck lösen und einfach zu reinigen sein.

3 Schmoren

4 Garen im Kombidämpfer

Schmoren

Schmoren und das Garen im Kombidämpfer sind Kombinations-Garverfahren aus trockener und feuchter Hitze.

Beim Schmoren wird das Fleisch erst angebraten und dann mit Flüssigkeit abgelöscht.

Schmoren 3

Erklärung:
Kombiniertes Verfahren: kurzes Anbraten in heißem Fett bei 180 °C. Dann weitergaren (Schmoren) bei 80 °C–100 °C in wenig heißer Flüssigkeit.

Bewertung:
Röststoffe sind appetitanregende Aromastoffe, Lebensmittel schmecken herzhaft.

Geeignete Lebensmittel:
Fleisch für Gulasch, Rouladen, Gemüse.

Besonders zu beachten:
Aufgegossene Flüssigkeit dient später als Soße.

Garen im Kombidämpfer

In der herkömmlichen Küche sind viele Garverfahren an bestimmte Gargeräte oder bestimmte Kochgeschirre gebunden. Im Kombidämpfer 4 kann der Koch verschiedene Garverfahren anwenden und kombinieren.

Mithilfe programmierbarer Einstellungen werden einzelne Speisen, z. B. Rinderbraten, erst gebräunt, um danach mit feuchter Hitze weitergegart zu werden.

Beim Garen im Kombidämpfer kommen verschieden große Gastronormbehälter zum Einsatz. Mit bis zu zehn Einschüben gleichzeitig können große Mengen gegart werden.

AUFGABE

1. Beschreiben Sie drei Vorteile für den Einsatz eines Kombidämpfers.
2. Erkundigen Sie sich, welche Speisen im Kombidämpfer gegart werden.

Halbfertigprodukt

Zufügen von z. B. Flüssigkeiten, Eiern, Fett und Garen des Produktes

Fertigprodukt

Garen oder Erhitzen des Produktes

Verzehrfertiges Produkt

Sofortiger Verzehr des Produktes

1 Convenience-Produkte

Verwenden von Convenience-Produkten

Das englische Wort „Convenience“ heißt übersetzt Bequemlichkeit.

Es gibt eine sehr große Auswahl an vorgefertigten Lebensmitteln, die in verschiedenen Zubereitungsstufen angeboten werden 1.

Sie sparen Zeit und Aufwand bei der Zubereitung, haben aber auch Nachteile (Tab. 1).

Der Einsatz von Convenience-Produkten spart Zeit und Arbeit.

Im Gastgewerbe und Haushalt werden sie immer stärker eingesetzt. Personalmangel kann für die Verwendung von Convenience-Produkten sprechen, denn sie sind schnell und ohne große Vorbereitung herzustellen.

AUFGABE

1. Welche Convenience-Produkte essen Sie? Begründen Sie Ihre Auswahl.
2. Überlegen Sie sich, wie Sie ein Convenience-Produkt mit frischen Zutaten aufwerten können.

Tab. 1: Vor- und Nachteile von Convenience-Produkten

Vorteile	Nachteile
einfache Lagerung	Verpackungsmüll
schnelle Zubereitung	höherer Preis
einheitliche Portionsgröße	vorgegebene Geschmacksrichtung
hoher Hygienestandard	evtl. Zusatzstoffe

2 Mülltrennung

AUFGABE

1. Wie trennen Sie zuhause den Müll?
2. Wie können Sie in Ihrem Umfeld zur Müllvermeidung beitragen?

Entsorgen von Müll

Bei der Produktion der Speisen darauf achten, dass so wenig Müll wie möglich produziert wird.

Zum Einkaufen sollte man immer eine Tasche mitnehmen und Mehrweg- anstelle von Einwegverpackungen nutzen. Bei der Lieferung von Obst und Gemüse in Pfandkästen wird z. B. auf Pappkartons verzichtet.

Um Rohstoffe zu sparen und die Umwelt zu schonen, wird der anfallende Müll sortiert und getrennt entsorgt.

Die Trennung erfolgt in unterschiedlichen Behältern 2 :

- Biomüll,
- Papier, Pappe,
- Verpackungen mit dem grünen Punkt,
- Restmüll.

Glas wird in Altglascontainer entsorgt.
In den Sondermüll gehören z. B. Batterien, Brat- und Frittieröle und Kühlschränke. Sie müssen an speziellen Sammelstellen abgegeben werden.
Durch die getrennte Müllentsorgung können die einzelnen Wertstoffe dem Stoffkreislauf wieder zugeführt werden.

ZUSAMMENFASSUNG

Kennenlernen von Geräten → Vorbereiten von frischen Lebensmitteln / Verwenden von Convenience-Produkten → Kennenlernen verschiedener Garverfahren → Entsorgen von Müll

1 kg = 1000 g	⟷	1 l = 1000 ml
3/4 kg = 750 g	⟷	3/4 l = 750 ml
1/2 kg = 500 g	⟷	1/2 l = 500 ml
1/4 kg = 250 g	⟷	1/4 l = 250 ml
1/8 kg = 125 g	⟷	1/8 l = 125 ml
1/16 kg = 62,5 g	⟷	1/16 l = 62,5 ml

1 **Maßeinheiten**

2.4 Anwenden von Rezepten

Wiegen und Messen

Zum Nachkochen von Rezepten ist es notwendig, Folgendes zu beachten:

- das Rezept vor Arbeitsbeginn durchlesen,
- den Arbeitsplatz aufbauen,
- Zutaten genau abwiegen und abmessen.

Zum Abwiegen von Lebensmitteln verwendet man eine Waage. In der Praxis ist die Digitalwaage üblich, sie misst grammgenau. Damit die Waage sauber bleibt, wiegt man Lebensmittel auf einem Teller oder einer Waagschale ab. Dann darauf achten, dass die Anzeige der Waage wieder auf „0" gestellt wird.

Man kann die Mengen für Nährmittel, wie Mehl, Zucker oder Grieß, auch mit einem Messbecher abmessen.

Für Flüssigkeiten benutzt man ein Litermaß.

! Beim Abmessen immer darauf achten, dass das Litermaß oder der Messbecher auf einer ebenen Fläche stehen.

Die gängigen Maßeinheiten sind Kilogramm (kg), Gramm (g), Liter (l) und Milliliter (ml) 1.

Weitere Messgrößen, die in Rezepten häufig verwendet werden, sind sogenannte Löffelmaße, wie Esslöffel oder Teelöffel. Es sind immer gestrichene Ess- bzw. Teelöffel gemeint.

Eine **Prise** Salz z. B. ist die Menge, die zwischen Daumen und Zeigefinger passt.

Die Garzeiten werden mit einem Küchenwecker gemessen.

AUFGABE

Messen Sie Reis, Grieß und Mehl in einem Messbecher ab.

Kontrollieren Sie die Mengen anschließend auf der Digitalwaage.

Pr.	Prise
TL	gestrichener Teelöffel
EL	gestrichener Esslöffel
Päck.	Päckchen
kg	Kilogramm
g	Gramm
l	Liter
cl	Centiliter
ml	Milliliter
geh.	gehackt
gek.	gekocht
TK	Tiefkühlkost
Min.	Minuten
kl.	klein

2 **Abkürzungen**

Suppe	als Vorspeise	250 ml
	als Hauptspeise	500 ml
Fleisch	ohne Knochen	100 g
Hackfleisch		75 g
Fisch	Filet	150 g
Gemüse	als Beilage	250 g
	für einen Eintopf	250 g
Kartoffeln	als Beilage	250 g
	für einen Eintopf	125 g
Nudeln (roh)	als Hauptgericht	100 g
Reis (roh)	als Beilage	60 g
Obst	als Nachspeise	175 g

3 **Grundmengen an Rohware pro Person**

Umgang mit Rezepten in diesem Buch

Die Zutaten der Rezepte sind für vier Personen berechnet. Daneben stehen die Arbeitsmittel, die für die Zubereitung gebraucht werden.

Die Zubereitung der Speisen erfolgt in einzelnen Schritten, die im Rezept angegeben sind. Dabei werden gebräuchliche Abkürzungen verwendet 2.

Bei einzelnen Rezepten sind Abwandlungen, Tipps oder Hinweise zu finden, mit denen man die Speisen aufwerten oder abwandeln kann.

Die Auswahl der Rezepte ist unterteilt in:

Vorspeisen, Gemüse, Fleisch/Fisch, Kartoffeln/Reis/Nudeln, Desserts/Gebäck und Getränke.

Die Angabe der Grundmenge pro Person hilft, die Lebensmittelmengen für den Einkauf zu berechnen 3.

Tipps zum Nachkochen

- Beim Backen immer eine Garprobe machen, z. B. mit einem Holzstäbchen,
- zum Abschmecken immer einen Extralöffel benutzen,
- mit Zutaten, die im Rezept vorkommen, z. B. Kräuter, Tomaten, dekorieren,
- Speisen zum Servieren immer in sauberes Geschirr umfüllen,
- bei Tellergerichten auf saubere Geschirrränder achten.

Bei der Zusammenstellung von Gerichten oder Menüs richten sich der Koch und die Hauswirtschafterin nach saisonalen und regionalen Lebensmittelangeboten sowie den Wünschen der Gäste.

AUFGABE

Stellen Sie je ein Gericht Ihrer Wahl für die Jahreszeiten Frühling und Herbst zusammen.

Begründen Sie Ihre Auswahl.

Vorspeise: Spargelsuppe (gebunden)

Zutaten (4 Personen)

500 g Spargel
1 l Wasser

40 g Margarine
40 g Mehl

1 Eigelb
3 EL Milch

Muskat, Salz, Zucker,
Zitronensaft

Arbeitsmittel

Waage
Litermaß
Brett
Messer
Sparschäler
Sieb
Topf
Schneebesen

Zubereitung

500 g Spargel	Spargel waschen, von der Spitze bis zum Ende schälen, in 2–3 cm lange Stücke schneiden.
1 l Wasser, 1 TL Salz	Spargel, Wasser und Salz in einem Topf aufkochen und ca. 15 Min. garen. Durch ein Sieb abgießen und Spargelwasser auffangen. Spargelstücke im Sieb lassen.
40 g Margarine	Fett im Topf schmelzen.
40 g Mehl	Mehl dazugeben und unter Rühren mit dem Schneebesen hellgelb andünsten.
1 l Spargelwasser	Spargelwasser unter Rühren zum Mehl-Fettgemisch geben, aufkochen lassen und die Suppe 5 Minuten garen.
1 Eigelb, 3 EL Milch	Eigelb und Milch verrühren und in die nicht mehr kochende Suppe rühren.
Muskat, Zucker, Salz und Zitronensaft	Suppe mit Muskat, Zucker, Salz und Zitronensaft abschmecken.
Spargelstücke	Spargelstücke in der fertigen Suppe 10 Min. erwärmen.

Veränderung

Statt Spargel 500 g Blumenkohl oder 500 g Schwarzwurzeln verwenden.

Aufwertungen

- 1 EL frische, gehackte Kräuter dazugeben.
- 100 ml geschlagene Sahne zufügen.

Vorspeise: Bunter gemischter Salat

Zutaten (4 Personen)

1 kl. Knoblauchzehe
2 EL Essig
4 EL Öl
1/2 TL Zucker, 1/2 TL Salz, Pfeffer
2 EL geh. Kräuter

1/4 Päck. Feldsalat
1/2 Chicorée
1/4 Lollo Salat (rosso = rot oder bionda = hellgrün)
1/2 rote Paprikaschote
1 Möhre
1/4 Gurke

Arbeitsmittel

Schüssel
Schneebesen
Gemüsemesser
Brett
Knoblauchpresse
Hobel

Zubereitung

1 kl. Knoblauchzehe 2 EL Essig, 4 EL Öl, 1/2 TL Zucker, 1/2 TL Salz	Knoblauchzehe schälen und pressen, mit Essig, Öl, Zucker, Salz und Pfeffer verrühren, Salatsoße abschmecken.
1/2 Paprikaschote, 1/4 Gurke, 1 Möhre	Paprika, Gurke, Möhre und Salate in kaltem Wasser waschen. Paprika putzen und in 1 cm Stücke schneiden, Möhre schälen und zusammen mit der Gurke in Scheiben hobeln.
1/4 Päck. Feldsalat 1/4 Lollo rosso 1/2 Chicorée	Salate vorsichtig in mundgerechte Stücke zupfen. Gemüse und Salate in die Salatsoße geben, alles durchheben.
2 EL geh. Kräuter	Kräuter darüber streuen.

Aufwertungen

Gemüse- und Salatsorten nach Saison, Regionalität und Geschmack austauschen oder:
- 150 g gebratene Putenstreifen dazugeben oder
- 120 g gewürfelten Käse, z. B. Schafkäse oder Gouda, dazugeben oder
- 2 hart gekochte Eier würfeln und dazugeben oder
- andere Salatsoße, z. B. Joghurtsoße, wählen.

Tipps

- Salatvarianten: z. B. Eisberg, Kopfsalat, Rucola.
- Blattsalate vorsichtig in kaltem, stehenden Wasser waschen, in der Salatschleuder trockenschleudern.
- Gemüse und Obst in mundgerechte Stücke schneiden oder zupfen.
- Salat immer erst kurz vor dem Verzehr zubereiten – vermeidet Vitaminverluste.
- Mit frischen Kräutern appetitanregend anrichten.

Gemüse: Paprikaschoten mit Hackfleischfüllung

Zutaten (4 Personen)

4 Paprikaschoten
2 Zwiebeln

1 Brötchen
375 g Hackfleisch (halb Schweine- und halb Rinderhack)
1 Ei
Salz, Pfeffer, Paprika

3 EL Tomatenmark
30 g Mehl
30 g Margarine
1/2 l Gemüsebrühe

Arbeitsmittel

Waage
Schüssel
Litermaß
Handrührgerät mit Knethaken
Gemüsemesser
Auflaufform mit Deckel
Brett
Schneebesen

Zubereitung

Paprika	Paprika waschen.
4 Paprikaschoten	Bei den Paprikaschoten das Stielende als Deckel abschneiden, putzen und noch einmal abspülen.
2 Zwiebeln	Zwiebeln schälen und in kleine Würfel schneiden.
1 Brötchen	Brötchen in kaltem Wasser einweichen und ausdrücken.
1 gewürfelte Zwiebel 375 g Hackfleisch 1 Ei, 1 ausgedrücktes Brötchen	Zwiebel, Hackfleisch, Ei und das ausgedrückte Brötchen in eine Schüssel geben. Alle Zutaten mit einer Gabel oder dem Handrührgerät (Knethaken) durchkneten.
1/2 TL Salz, Pfeffer	Mit Salz und Pfeffer würzen.
4 Paprikaschoten	Fleischteig in vier Teile teilen und in die Paprikaschoten verteilen. Den Paprikadeckel aufsetzen. Paprikaschoten in die Auflaufform geben.
3 EL Tomatenmark, 1 gewürfelte Zwiebel 30 g Mehl, 30 g Margarine Salz, Pfeffer, Paprika	Tomatenmark, Mehl, Margarine, Zwiebel, Salz, Pfeffer und Paprika zu einem Teig verkneten. Teig neben die Paprikaschoten in die Form geben.
1/2 l Gemüsebrühe	Gemüsebrühe dazugeben und die Auflaufform abdecken.
Backen im Backofen:	untere Einschubleiste bei 200 °C ca. 50 Min.
Paprikaschoten Salz, Pfeffer, Paprika	Paprikaschoten nach dem Garen herausnehmen, warm stellen. Die entstandene Soße verrühren und mit Salz, Pfeffer und Paprika abschmecken.

Gemüse: Ratatouille (französischer Gemüseeintopf)

Zutaten (4 Personen)

3 Zwiebeln
je 1/2 gelbe und rote Paprikaschote
375 g Aubergine
250 g Zucchini
3 feste Tomaten

3 EL Öl
1/4 l Wasser

Salz, Pfeffer, Paprika
Knoblauch
je 1 Stiel Thymian, Oregano, Rosmarin, Basilikum

Arbeitsmittel

Waage
Schüssel
Litermaß
Topf
Gemüsemesser
Brett
Tomatenmesser

Zubereitung

Gemüse und Kräuter	Gemüse und Kräuter waschen.
3 Zwiebeln	Zwiebeln schälen und in kleine Würfel schneiden.
1/2 gelbe und 1/2 rote Paprikaschote	Paprikaschoten halbieren, Kerne und weißes Fleisch entfernen, abspülen und in 2 cm große Würfel schneiden.
375 g Auberginen 250 g Zucchini	Auberginen und Zucchini putzen, dazu die Enden abschneiden und in 2,5 cm große Würfel schneiden.
3 feste Tomaten	Tomaten mit Tomatenmesser in 1 cm dicke Scheiben schneiden.
Thymian, Oregano, Rosmarin, Basilikum	Ein paar Kräuter zum Dekorieren zurücklassen, den Rest fein hacken.
3 EL Öl	Öl in einem Topf erhitzen, Zwiebelwürfel zugeben und glasig dünsten. Vorbereitetes Gemüse dazugeben und andünsten.
1/4 l Wasser, Salz, Pfeffer, Paprika, geh. Kräuter Knoblauch	Wasser, Salz, Pfeffer, Paprika und geh. Kräuter zugeben und zusammen mit dem Gemüse ca. 10 Min. dünsten.
Salz, Pfeffer	Ratatouille mit Salz und Pfeffer abschmecken.
Kräuter	Kräuter zum Garnieren verwenden.

Fleisch: Gulasch

Zutaten (4 Personen)

500 g Gulasch (halb Rind und halb Schwein)
3 Zwiebeln, 1 EL Öl
1 TL Paprika, 1 TL Salz
1/2 TL Pfeffer
1/2 l heiße Brühe (= Wasser und gekörnte Brühe)
1 EL Mehl
3 EL Wasser

Arbeitsmittel

Waage
Topf mit Deckel
Gemüsemesser
Kochmesser
Brett

Zubereitung

500 g Gulasch	Gulasch mit dem Kochmesser in gleich große Stücke schneiden.
3 Zwiebeln	Zwiebeln putzen und in Würfel schneiden.
1 EL Öl	Öl im Topf erhitzen, Gulasch zugeben, von allen Seiten braun anbraten. Zwiebeln zum Gulasch geben und mit anbraten.
1 TL Paprika, 1 TL Salz 1/2 TL Pfeffer	Gewürze dazu geben.
1/2 l heiße Brühe	Brühe langsam zum Fleisch geben, Deckel aufsetzen und das Gulasch bei niedriger Herdeinstellung ca. 60 Min. schmoren.
1 EL Mehl, 3 EL Wasser Salz, Pfeffer, Paprika	Mehl mit Wasser verrühren, das fertige Gulasch damit binden, aufkochen lassen und mit den Gewürzen abschmecken.

Aufwertungen

1 EL Tomatenmark und/oder 2 EL Sahne dazugeben.

Szegediner-Gulasch: 1 gewürfelten Apfel und 375 g Sauerkraut dazugeben, 1/8 l saure Sahne nach dem Abschmecken zufügen.

Paprika-Gulasch: 1 grüne und 1 rote gewürfelte Paprikaschote 15 Min. vor Ende der Garzeit dazugeben.

Fisch: Bratfisch

Zutaten (4 Personen)

4 Fischfilets à 150 g,
z. B. Seelachs oder Rotbarsch
2 Zitronen
Salz, Pfeffer
ca. 150 g Mehl
1 Ei
150 g Paniermehl
2 EL Öl

Arbeitsmittel

Waage
Pfanne
Zitronenpresse
Brett
Gabel
3 tiefe Teller
Tomatenmesser
2 Pfannenwender

Zubereitung

1 Ei, 150 g Mehl 150 g Paniermehl	Ei in einem tiefen Teller verschlagen, Mehl und Paniermehl in je einen tiefen Teller geben.
2 Zitronen	Zitronen halbieren. Eine Zitronenhälfte mit dem Tomatenmesser in 0,5 cm dicke Scheiben schneiden, die anderen Hälften auspressen.
4 Fischfilets	Fischfilets unter kaltem Wasser kurz abspülen, mit Küchenpapier trockentupfen und mit Zitronensaft beträufeln.
Salz, Pfeffer	Fischfilets mit etwas Salz und Pfeffer würzen, erst in Mehl, dann in verschlagenem Ei und zuletzt in Paniermehl wenden (klassische Panade).
2 EL Öl	Öl in der Pfanne erhitzen, panierte Fischfilets in das heiße Öl legen und von jeder Seite 5 Min. braun braten. Vorsichtig mit den Pfannenwendern umdrehen.
Dekoration:	Gebratenen Fisch eventuell nachwürzen und mit einer Zitronenscheibe garniert servieren.

Tipps

Fisch immer mit der **3-S-Methode** vorbereiten: **S**äubern – **S**äuern – **S**alzen

Das Säubern entfernt evtl. anhaftende Schuppen. Durch die Säure wird das Fischfleisch weißer und fester. Das Salz erst kurz vor dem Braten zufügen, damit dem Fisch keine wertvollen Nährstoffe entzogen werden.

Kartoffeln: Kartoffelpüree

Zutaten (4 Personen)

1 kg Kartoffeln
(mehlig kochend)
1/4 l Wasser
1/4 l Milch
30 g Butter

Salz, Muskat

Arbeitsmittel

Waage
Handrührgerät mit Schlagbesen
Sparschäler
Litermaß
Topf

Zubereitung

1 kg Kartoffeln 1/4 l Wasser, 1/2 TL Salz	Kartoffeln waschen, schälen und zerkleinern. Kartoffeln mit Wasser und Salz ca. 20 Min. dämpfen.
1/4 l Milch	Milch erwärmen.
gegarte Kartoffeln 1/4 l Milch	Kartoffeln im Topf etwas zerstampfen, mit dem Handrührgerät (Schlagbesen) vorsichtig verrühren. Nur so viel Milch nach und nach zugeben, bis eine cremige Masse entstanden ist.
30 g Butter, Salz, Muskat	Butter zugeben, mit Salz und Muskat abschmecken.

Kartoffeln: Kartoffelklöße

Zutaten (4 Personen)

1 kg Kartoffeln
(mehlig kochend)
1/4 l Wasser
80 g Mehl
80 g Stärke
2 Eier
2 1/2 TL Salz
2 l Wasser

Arbeitsmittel

Waage
Topf
Kartoffelpresse
Schüssel
Handrührgerät mit Knethaken
Schaumkelle

Zubereitung

1 kg Kartoffeln 1/4 l Wasser	Kartoffeln waschen, in Wasser ca. 20 Min. als Pellkartoffeln dämpfen, die Schale entfernen, heiß durch die Kartoffelpresse drücken und auskühlen lassen.
2 Eier, 80 g Mehl 80 g Stärke, 1 1/2 TL Salz	Eier, Mehl, Stärke und Salz zur ausgekühlten Kartoffelmasse geben, mit dem Handrührgerät (Knethaken) zu einem Teig kneten.
Kartoffelteig	Kartoffelteig mit leicht befeuchteten Händen in 8 gleich große Teile teilen und Klöße formen.
2 l Wasser, 1 TL Salz	Wasser und Salz zum Kochen bringen. Klöße hineingeben und ca. 20 Min. garziehen lassen. **Das Wasser darf nicht mehr sprudeln!**

Reis: Vollkornreis (Naturreis)

Zutaten (4 Personen)	**Arbeitsmittel**
1/2 l Wasser	Topf
1 TL Salz	Kochlöffel
250 g Vollkornreis	

Zubereitung

1/2 l Wasser 1 TL Salz	Wasser und Salz in einem Topf zum Kochen bringen.
250 g Vollkornreis	Vollkornreis dazugeben, einmal aufkochen lassen, Herdeinstellung zurückstellen. Reis ca. 40 Min. quellen lassen.

Quellverhalten von Reis:

Reis nimmt beim Quellen die Wassermenge vollständig auf. Verschiedene Reissorten, z. B. Vollkornreis, Langkornreis und Rundkornreis, nehmen unterschiedlich viel Flüssigkeit auf:

- 1 Teil Langkornreis und Vollkornreis + 2 Teile Flüssigkeit (z. B. Wasser).
- 1 Teil Rundkornreis + 3 Teile Flüssigkeit (z. B. Milch für Milchreis).

Nudeln: Nudelsalat

Zutaten (4 Personen)	**Arbeitsmittel**
250 g Nudeln, 1 kl. Dose	Waage
Erbsen, 1 Gewürzgurke	Topf
2 kl. Äpfel	Sieb
100 g gek. Schinken	Schüssel
3 EL Mayonnaise	Durchschlag
2 EL Joghurt	Brett
1 EL Gurkenwasser	Messer, Litermaß, Dosenöffner
Salz, Pfeffer, Kresse	

Zubereitung

250 g Nudeln, 1 l Wasser 1/2 TL Salz	Nudeln in kochendes Wasser geben und ca. 7 Min. garen, durch einen Durchschlag abgießen.
1 kl. Dose Erbsen	Erbsendose öffnen, Erbsen in einem Sieb abtropfen lassen.
2 kl. Äpfel 1 Gewürzgurke 100 g gek. Schinken	Äpfel waschen und putzen, in kleine Würfel schneiden. Gewürzgurke und Schinken ebenfalls in kleine Würfel schneiden. Alle Zutaten in eine Schüssel geben und vermengen.
3 EL Mayonnaise 2 EL Joghurt 1 EL Gurkenwasser, Salz Kresse, Pfeffer	Mayonnaise, Joghurt, Gurkenwasser und Salz verrühren. Kresse abschneiden und unter die Soße rühren. Soße über den Salat geben und durchziehen lassen, mit Salz und Pfeffer abschmecken.

Dessert: Obstsalat

Zutaten (4 Personen)

750 g Obst (nach Saison gemischt)
1 Zitrone
Zucker oder Honig nach Geschmack

Arbeitsmittel

Waage
Brett
Officemesser
Schüssel
Zitronenpresse

Zubereitung

1 Zitrone	Zitrone auspressen.
1–2 EL Zitronensaft	Zitronensaft in Schüssel geben.
750 g Obst	Obst in kaltem Wasser waschen, nach Bedarf schälen und in mundgerechte Stücke schneiden oder würfeln. Dabei mit dem säuerlichsten Obst, z. B. Orangen, beginnen. Obst sofort in die Schüssel mit Zitronensaft geben.
Zucker oder Honig	Zucker oder Honig nach Geschmack dazugeben, Obstsalat noch einmal durchmischen und abschmecken.
Aufwertung:	Schlagsahne dazu reichen und/oder 2 EL gehackte Nüsse darüberstreuen.

Dessert: Rote Grütze

Zutaten (4 Personen)

300 g Beerenobst (TK)
200 ml Apfelsaft
2 EL Zucker
1 Päck. Vanillezucker
4 El Apfelsaft
40 g Stärke

Arbeitsmittel

Topf
Gabel
Becher
Kochlöffel

Zubereitung

300 g Beerenobst (TK) 150 ml Apfelsaft 2 EL Zucker 1 Päck. Vanillezucker	Beerenobst, Apfelsaft, Zucker und Vanillezucker in einem Topf 5 Min. dünsten.
4 El Apfelsaft 40 g Stärke Zucker	Apfelsaft und Stärke in einem Becher klumpenfrei verrühren und zum gedünsteten Beerenobst geben. Unterrühren und einmal aufkochen lassen. Mit Zucker abschmecken.
Veränderung:	Anstatt Beerenobst (TK) Obst der Saison, z. B. Kirschen, Pflaumen oder Erdbeeren verwenden.
Aufwertung:	Vanillesoße, Vanilleeis, Milch oder Schlagsahne dazu reichen.

Gebäck: Rührmasse – Marmorkuchen

Zutaten (1 Backform)

500 g Mehl
1 Päck. Backpulver
200 g Zucker
1 Pr. Salz, 250 g Margarine
4 Eier, 1/8 l Milch
3 EL Milch, 30 g Kakao,
50 g Zucker

Arbeitsmittel

Waage
Handrührgerät mit Schlagbesen
Litermaß
Rührschüssel
Napfkuchenform
Schälchen
Teigschaber
Gabel

Zubereitung

Napfkuchenform	Backform mit etwas Fett einfetten; Backofen auf 170 °C vorheizen.
250 g Margarine 200 g Zucker 4 Eier, 1 Pr. Salz	Fett, Zucker, Eier und Salz in einer Rührschüssel mit dem Handrührgerät schaumig rühren.
500 g Mehl 1 Päck. Backpulver 1/8 l Milch 3 El Milch, 30 g Kakao, 50 g Zucker	Mehl und Backpulver mischen, nach und nach zur Fett-Zucker-Eiermasse geben, mit Milch zu einem glatten Teig rühren. 1/3 der Teigmasse in die Form geben. Milch, Kakao und Zucker zum restlichen Teig geben und verrühren. Kakaoteig auf den hellen Teig geben, mit einer Gabel vermengen.
Backen	auf dem Rost, unterer Einschub bei 170 °C–180 °C (Ober- und Unterhitze) ca. 45–50 Min.

Gebäck: Mürbeteig – Plätzchen

Zutaten (ca. 60 Stück)

250 g Mehl
125 g Butter
65 g Zucker
1 Ei
1 Eigelb
2 EL Wasser

Arbeitsmittel

Waage
Handrührgerät mit Knethaken
Rührschüssel
Pinsel
Backpapier
Backblech, Förmchen

Zubereitung

250 g Mehl 125 g Butter 65 g Zucker 1 Ei	Mehl, Butter, Zucker und Ei mit dem Handrührgerät in einer Rührschüssel zunächst vermengen. Streusel mit der Hand zu einem glatten Teig verkneten, in Frischhaltefolie einwickeln und ca. 20–30 Min. kalt stellen.
	Backofen auf 170 °C vorheizen, Backblech mit Backpapier belegen.
Mürbeteig 1 Eigelb, 2 EL Wasser	Mürbeteig dünn ausrollen, mit Formen ausstechen, auf das Backblech legen. Die Plätzchen mit Eigelb-Wasser bestreichen.
Backen	mittlerer Einschub bei 170 °C–180 °C (Ober- und Unterhitze) ca. 8–10 Min.

Getränke: Latte Macchiato

Zutaten (1 Person)

2 gehäufte TL Espressopulver
30 ml Wasser
200 ml Milch
1–2 Stück Würfelzucker

Arbeitsmittel

Espressomaschine
oder Espressokanne
Kochtopf
Schneebesen
hitzefestes, hohes Glas
mit Untertasse
Löffel

Zubereitung

200 ml Milch	Milch in einem Kochtopf bis ca. 60 °C erhitzen. Mit dem Schneebesen die Milch schaumig schlagen. Den fertigen Milchschaum in ein hohes hitzeverträgliches Glas bis zum Rand eingießen und etwas absetzen lassen.
2 gehäufte TL Espressopulver 30 ml Wasser	Eine Tasse Espresso mit einer Espressomaschine oder mit einem Espressokännchen zubereiten.
	Den fertigen heißen Espresso langsam in das Glas mit dem Milchschaum gießen.
	Wenn alles gelingt, sind drei Schichten im Glas sichtbar – unten Milch, in der Mitte Espresso und oben Milchschaum.
1–2 Würfelzucker	Das Glas auf einer Untertasse mit dem Würfelzucker servieren. Den Löffel anlegen.

Tipps zum Servieren

- Sehr dekorativ wirkt eine Prise Kakaopulver auf dem Milchschaum. Dafür etwas Kakaopulver durch ein feines Sieb auf dem Milchschaum verteilen.
- Ein kleiner Keks, zusätzlich zum Latte Macchiato gereicht, rundet den Kaffeeservice ab.

Abwechslung

Mit Kaffeesirup lassen sich die verschiedensten Aromen in den Latte Macchiato zaubern, z. B. Karamell-, Vanille- oder Haselnussaroma. Statt Zucker einfach 1–2 Teelöffel des ausgewählten Sirups zum fertigen Getränk geben.

Getränke: Drivers Pina Colada

Zutaten (1 Person)

1 Tasse Crushed Eis
2 cl Sahne
4 cl Kokossirup
16 cl Ananassaft

Dekoration:
1/8 frische Ananas in Keilform

Arbeitsmittel

Shaker
langer Löffel für das Eis
Barmaß
Glas
Trinkhalm

Zubereitung

1 Tasse Crushed Eis	Eis mit einem Löffel in den Shaker geben.
2 cl Sahne (gekühlt)	Sahne mit dem Barmaß abmessen und in den Shaker geben.
4 cl Kokossirup	Kokossirup mit dem Barmaß abmessen und in den Shaker geben.
16 cl Ananassaft (gekühlt)	Ananassaft mit dem Barmaß abmessen und in den Shaker geben.
	Shaker mit dem Deckel fest verschließen. Etwa 10 Sekunden kräftig in Längsrichtung schütteln. Shaker öffnen und das fertige Mixgetränk in das Glas einschenken.

Alternative Arbeitsmittel

Statt eines Barmaßes kann auch ein kleines Schnapsglas (2 cl) verwendet werden.

Barmaß

Tipps zum Servieren

Zur Dekoration einen Ananaskeil an den Glasrand stecken und 1–2 farbige Trinkhalme hinzufügen.

Wer es weniger süß mag:

Anstelle des Kokossirups können auch 6 cl Kokosmilch verwendet werden.

Wer es besonders schaumig mag:

Statt im Shaker kann das Getränk auch in einem elektrischen Aufsatz- oder Stabmixer zubereitet werden.

ZUSAMMENFASSUNG

Einführung in die Ernährungslehre

- Essen nach den 10 Regeln der Deutschen Gesellschaft für Ernährung
- in Ruhe genießen
- sich regelmäßig bewegen

Einkaufen, Lagern und Konservieren

- Einkauf planen
- Lebensmittel richtig lagern
- Konservieren von Lebensmitteln

Zubereiten von Speisen

- Kennenlernen von Geräten für die Vor- und Zubereitung
- Aufbau des Arbeitsplatzes
- Vorbereiten und Garen von Lebensmitteln
- Verwenden von Convenience-Produkten
- Entsorgen von Müll

Anwenden von Rezepten

- Kennenlernen von Maßen und Gewichten
- Lesen von Rezepten
- Vor- und Zubereiten von Speisen und Getränken

Reinigen und Pflegen 3

3.1 Reinigen und Pflegen von Gegenständen

Sauber und blank in den Schrank

3.2 Reinigen und Pflegen von Räumen

Wissen genutzt – rundum gut geputzt

3.3 Reinigen und Pflegen von Wäsche

W W W – Wie Wäsche waschen?

3.1 Reinigen und Pflegen von Gegenständen

Gleich kommen die Eltern das erste Mal zu Besuch in die eigene Wohnung. Ist alles bereit? Die Gläser blitzen auf dem schön gedeckten Tisch. Das Zimmer ist geputzt und aufgeräumt. Auch Jeans und T-Shirt sind sauber und heil. Super, jetzt ist alles bereit!

Saubere Räume, ordentliche Kleidung und gepflegte Gegenstände vermitteln einen guten Eindruck. Gäste eines Hotels erwarten ein gepflegtes Hotelzimmer. Für Angehörige von Altenheimbewohnern können saubere und wohnliche Räume u. a. ein Zeichen dafür sein, dass ihre Lieben gut aufgehoben sind.

Wer im Berufsfeld Gastgewerbe oder Hauswirtschaft arbeitet, sorgt dafür, dass sich andere Menschen in einer gepflegten Umgebung wohlfühlen. In der Hauswirtschaft entfällt ein großer Teil der Tätigkeiten auf das Reinigen und Pflegen.

Räume, Gegenstände und Wäsche werden gereinigt bzw. gewaschen, um verschiedenste Verschmutzungen zu entfernen.

Danach folgen zusätzlich pflegende Arbeiten: Saubere Tischdecken werden gemangelt, Tischgegenstände wie Gläser und Bestecke poliert. Wenn dann der Gasttisch eingedeckt ist, sieht alles gepflegt und einladend aus.

Um diese vielfältigen Reinigungs- und Pflegearbeiten fachgerecht durchführen zu können, benötigen Hauswirtschafter und Servicekräfte umfangreiches Fachwissen.

Sie arbeiten z. B. an der Spülmaschine, der Waschmaschine oder der Mangel und müssen diese Geräte fachgerecht bedienen können. Tischdecken werden z. B. in einer bestimmten Legetechnik zusammengelegt, damit später das Eindecken im Restaurant problemlos verlaufen kann. Beim Reinigen von Räumen ist es wichtig zu wissen, wie Reinigungsmittel richtig eingesetzt werden oder was z. B. beim Putzen einer Küche zu beachten ist.

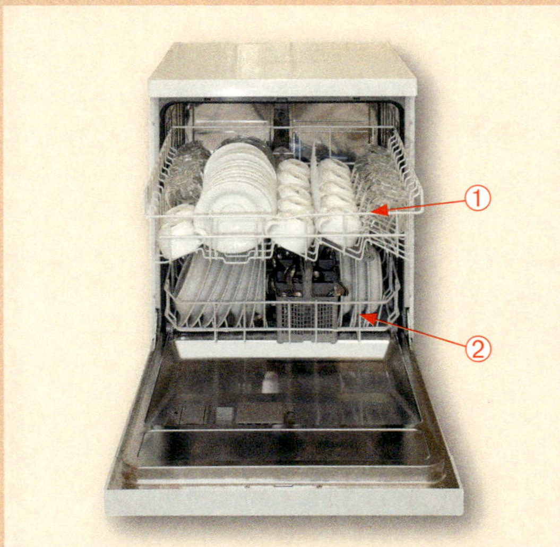

1 Haushaltsspülmaschine

2 Durchschubspülmaschine für Großküchen

+ Lesen Sie in der Gebrauchsanweisung einer Spülmaschine nach, welches Geschirr nicht für die Spülmaschine geeignet ist.

Spülen mit der Maschine

Wo gekocht wird, da fallen große Berge an schmutzigem Geschirr und Töpfen an. Um Zeit und Arbeit zu sparen, werden daher zum Spülen in vielen Privathaushalten 1 und in allen gewerblichen Küchen **Geschirrspülmaschinen** eingesetzt.

In der Hauswirtschaft und im Gastgewerbe werden professionelle Geräte eingesetzt, z. B. Durchschubspülmaschinen 2 . Diese arbeiten besonders schnell und spülen auch große Töpfe und Gastronormbehälter.

Alle Spülmaschinen funktionieren ähnlich: Vorspülen, Spülen, Klarspülen und Trocknen.

Vor dem Beladen von Spülmaschinen werden die groben Speisereste entfernt. Das Vorspülen kann entweder unter dem Wasserhahn, oder bei Durchschubspülmaschinen mit einer Handbrause geschehen ③.

Danach werden Geschirr und Bestecke in Körbe einsortiert (Tab. 1). Im Privathaushalt werden auch Gläser mit der Maschine gespült. Gewerbliche Küchen haben meist eine extra Spülmaschine nur für Gläser.

Um ein gutes Spülergebnis zu erzielen, benötigen Spülmaschinen Reiniger, Spezialsalz sowie Klarspüler. Das Spülprogramm wird an den Programmschaltern der jeweiligen Spülmaschine eingestellt.

Tab. 1: Beladen einer Haushaltsspülmaschine

Korb	Welches Geschirr wird dort einsortiert?
① Oberkorb	Tassen, Gläser, kleine Schüsseln, Untertassen, Suppentassen, Kochlöffel
② Unterkorb	große Teller, tiefe Teller, Mittelteller, große Schüsseln, Töpfe, Pfannen
Besteckkorb	Messer, Gabeln, Löffel

1 **Arbeitsplatz beim Spülen mit der Hand**

Sicherheitshinweis
Damit sich niemand verletzt, scharfe Messer einzeln abspülen und niemals im Spülbecken liegen lassen.

Spülen mit der Hand

Große Pfannen und Töpfe oder wertvolle Kristallgläser werden im Privathaushalt mit der Hand abgewaschen. Im Gastgewerbe werden manche Gegenstände auch von Hand gespült, z. B. große Schneidbretter in der Küche oder Gläser am Getränkebüfett.

Um ein gutes Spülergebnis zu erzielen, sind vor dem Spülen einige vorbereitende Arbeiten zu erledigen, z. B.:

- Essensreste entfernen und grobe Verschmutzungen mit Wasser abspülen,
- Geschirr sortieren und rechts neben dem Spülbecken stapeln 1,
- Töpfe und fettige Pfannen mit Wasser einweichen.

AUFGABE

Warum wird Geschirr in folgender Reihenfolge gespült: Glas, Porzellan, Bestecke, Töpfe und Pfannen?

Nach dem Vorbereiten wird in folgender Reihenfolge gespült:

heißes Wasser ins Spülbecken einfüllen und das Spülmittel dosiert zugeben

↓

Spülen in dieser Reihenfolge: Glas, Porzellan, Bestecke, Töpfe und Pfannen

↓

Nachspülen mit klarem, warmen Wasser

↓

Geschirr abtrocknen

↓

Spülbecken reinigen

2 Pflegen von Edelstahl

3 Polieren von Gläsern

Pflegen von Gegenständen

Im Gastgewerbe und in der Hauswirtschaft gibt es Gegenstände, die besonders gepflegt werden müssen, z. B. Spülbecken aus Edelstahl, Gläser oder verchromte Servierplatten.

Edelstahl ist zwar ein sehr hartes Material, die Oberfläche wird aber bei längerem Gebrauch matt und unansehnlich. Durch das Polieren mit Edelstahlpflegemitteln werden raue Oberflächen von Spülbecken, Teewagen oder der Essensausgabe wieder glatt und glänzend 2.

Auch verchromte Servierplatten fürs Büfett oder Türklinken aus Messing sollten regelmäßig, z. B. halbjährlich, poliert werden.

Besonders sorgfältig werden die Tischgegenstände für Gasttische gepflegt:

- Bestecke z. B. in heißes Wasser eintauchen und dann gründlich polieren,
- Gläser sofort nach dem Spülen mit einem fusselfreien Leinen-, Halbleinen- oder Mikrofasertuch polieren 3,
- Teller polieren, und zwar erst von der Ober- und dann von der Unterseite.

! Bestecke, Gläser und Porzellan werden im Gastgewerbe nach dem Spülen poliert.

AUFGABE

Suchen Sie in Ihrer Schule Gegenstände und Materialien, die gepflegt werden müssen. Worauf ist zu achten?

ZUSAMMENFASSUNG

Geschirr vorbereiten → Geschirr in der Maschine oder mit der Hand spülen → Gegenstände, Gläser und Bestecke polieren und pflegen

1 Gepflegtes Jugendzimmer

3.2 Reinigen und Pflegen von Räumen

Reinigungsarten

Wollmäuse unter dem Sofa, Kalkränder in der Dusche, Fettspritzer auf dem Herd – Zeit zum Saubermachen. Egal, ob zuhause oder im Hotel – richtig wohl fühlt man sich nur, wenn die Räume sauber und gepflegt sind 1.

Beim Reinigen werden lose Verschmutzungen wie Staub und Sand oder haftender Schmutz wie Fettflecken beseitigt.

Fußböden aus PVC oder Möbel aus Holz können zusätzlich mit speziellen Pflegemitteln behandelt und damit geschützt werden.

Wie oft Räume und Möbel gereinigt werden, hängt im Privathaushalt davon ab, wie sauber man es persönlich haben möchte.

In der Hauswirtschaft und im Gastgewerbe muss dagegen nach einem festgelegten Arbeitsplan gearbeitet werden.

Es gibt drei **Reinigungsarten**. Sie geben vor, wie häufig und in welchem Umfang die Arbeiten zu erledigen sind (Tab. 1).

Tab. 1: Reinigungsarten

Reinigungsart	Was bedeutet das?	Beispiele
Sichtreinigung	tägliches Beseitigen von sichtbaren Verschmutzungen	groben Schmutz entfernen, Abfalleimer leeren
Unterhaltsreinigung	regelmäßiges Reinigen	Fußboden saugen, Staub wischen
Grundreinigung	umfangreiches Reinigen und Pflegen	Fenster putzen, Fußboden pflegen und versiegeln

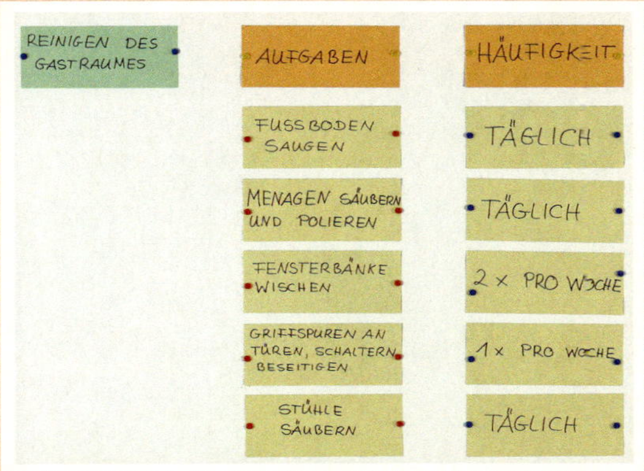

2 Arbeitsplan einer Unterhaltsreinigung

AUFGABE

Diskutieren Sie, welche der in Bild 2 aufgeführten Arbeiten zuerst, welche zuletzt zu erledigen sind.

3 Arbeiten von oben nach unten

Arbeitsorganisation

Damit beim Reinigen von Räumen alle wichtigen Aufgaben bedacht werden, wird vor Arbeitsbeginn ein **Arbeitsplan** erstellt, z. B. für die Unterhaltsreinigung eines Gastraums 2.

Ein fester Arbeitsablauf ist hilfreich, um schnell und reibungslos arbeiten zu können. Beim Reinigen von Räumen wird von oben nach unten gearbeitet, das heißt: Zuerst oben auf den Möbeln Staub wischen und erst ganz zum Schluss den Boden wischen 3.

Gardinenleisten, Möbel, Fensterbänke und Lichtschalter abwischen ①

↓

Waschbecken, Spiegel ②, Dusche und WC reinigen

↓

Fußboden saugen oder wischen ③

Diese Reihenfolge dient als Leitfaden. Die Reinigungskraft passt sie jeweils vor Ort an die Einrichtung der Räume an.

Bevor dann mit der Arbeit begonnen werden kann, wird noch die geeignete **Reinigungsmethode** festgelegt. Es gibt drei Reinigungsmethoden:

- **Fegen**: Loser Schmutz wie Sand und Staub auf Fliesenfußböden oder anderen glatten Bodenbelägen kann gefegt werden.
- **Saugen**: Chipskrümel auf dem Teppich oder Haare auf dem Badezimmerfußboden werden mit dem Staubsauger aufgesaugt.
- **Wischen** ist die geeignete Methode, um haftende Verschmutzungen zu entfernen. Seifenreste im Bad oder Fußabdrücke im Flur lassen sich am besten nass wegwischen. Staub auf der Fensterbank wird trocken oder leicht feucht, nebelfeucht genannt, entfernt.

! Die richtige Reinigungsmethode hängt von der Schmutzart und der Oberfläche ab.

1 Hinweise zum Gesundheitsschutz

2 Wischen eines Fliesenfußbodens

+ Probieren Sie mit einem Besen oder Wischgerät aus, wie lang der Stiel eingestellt sein muss, damit Sie optimal arbeiten können. Beachten Sie dabei die Hinweise zum Gesundheitsschutz 1.

Reinigungsgeräte

Zum Reinigen und Pflegen von Fußböden werden verschiedene **Reinigungsgeräte** eingesetzt.

Besen mit groben oder feinen Borsten eignen sich zum Zusammenfegen von losem Schmutz.

Mit dem **Staubsauger** lassen sich loser Sand, Krümel und anderer Schmutz von Teppichböden und glatten Böden entfernen.

Ein häufig in der Hauswirtschaft genutztes Gerät ist das **Breitwischgerät** 2. Dieses wird mit einem feuchten **Vliestuch** (Feuchtwischmethode) oder einem Wischbezug aus Mikrofasern ① bespannt, um Haare, Staub und Flusen von glatten Fußböden zu entfernen.

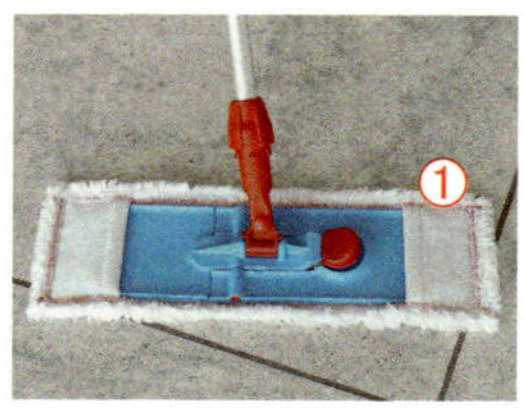

Es gibt außerdem **Nasswischbezüge** für das Breitwischgerät. Sie werden verwendet, um haftende Verschmutzungen, z. B. Soßenflecke oder schmutzige Fußabdrücke, vom Boden zu entfernen.

Wisch- und Schmutzwasser werden in der Regel mit einem **Fahreimer** transportiert. Er ist mit einer Presse zum Auspressen von Nasswischbezügen ausgestattet.

3 Reinigungstextilien

4 Reinigungswagen

Tücher und Schwämme

Zum Staubwischen und Abwaschen von Oberflächen eignen sich **Mikrofasertücher** 3 ②. Sie nehmen viel Staub und Schmutz auf.

Raumpflegetücher haben eine sehr feine Oberfläche ③. Dadurch eignen sie sich besonders zum Reinigen von glatten Kacheln, Spiegeln und Glas.

Fettspritzer oder Kalkflecken lassen sich mit **Padschwämmen** ④ entfernen. Die grobe Scheuerseite wird allerdings nur für Oberflächen benutzt, die nicht zerkratzen können.

Aus hygienischen Gründen werden Tücher zur Toilettenreinigung nicht in der Küche verwendet – und umgekehrt. Am einfachsten ist es, Tücher in verschiedenen Farben zu verwenden: z. B. rot für das WC, gelb für Waschbecken und grün für die Küche.

! Für einzelne Räume und Einsatzbereiche verschiedenfarbige Tücher verwenden.

Reinigungswagen

Ein unentbehrliches Hilfsmittel, wenn z. B. im Altenheim mehrere Zimmer gereinigt werden sollen, ist der **Reinigungswagen** 4.

Je nachdem, welcher Raum gereinigt werden soll, wird der Reinigungswagen bestückt mit:

- Reinigungsmitteln und Wischwasser,
- Wischgerät, Wischbezügen und -tüchern,
- Müllsäcken, Toilettenpapier, Papiertüchern.

Im Housekeeping eines Hotels wird ein ähnlicher Wagen eingesetzt, der **Etagenwagen**.

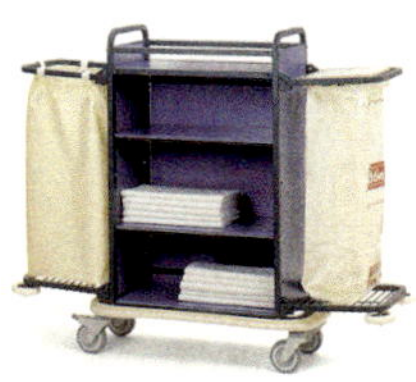

AUFGABE

Womit wird ein Etagenwagen im Hotel zusätzlich bestückt, außer mit Reinigungsmitteln und Geräten?

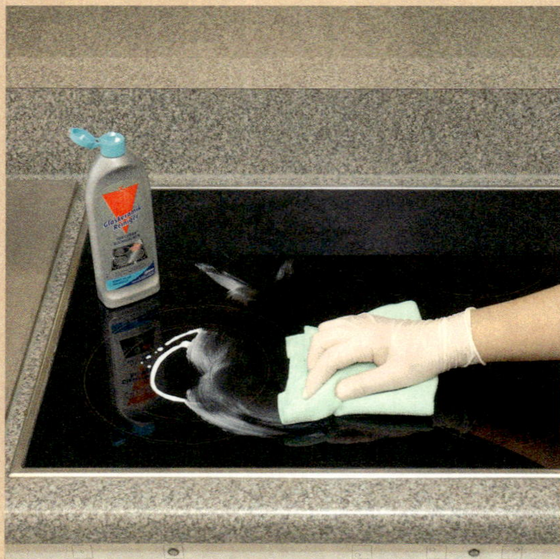

1 Ceranfeld reinigen

2 Dosieren von Reinigungsmitteln

Reinigungsmittel

Es gibt verschiedene **Reinigungsmittel** (Tab. 1). Sie reichen z. B. vom vielseitig einsetzbaren Allzweckreiniger bis zu speziellen Graffitientfernern.

Das geeignete Reinigungsmittel wird danach ausgewählt, welcher Schmutz beseitigt und welche Oberfläche gereinigt werden soll.

Zum Säubern eines Ceranfeldes wird ein spezieller Ceranfeldreiniger benötigt 1, zum Fensterputzen im Hotel z. B. ein Alkoholreiniger, der schnell und streifenfrei trocknet.

Pflegemittel

Zum Pflegen von Oberflächen werden spezielle **Pflegemittel** eingesetzt. Holzoberflächen werden mit Möbelpolitur gepflegt und verschlossen. Damit ist das Möbelstück gegen Licht und Feuchtigkeit geschützt.

Um ein gutes Reinigungsergebnis zu erzielen, werden Pflege- und Reinigungsmittel immer so dosiert, wie es auf der Verpackung angegeben ist 2.

! Ein sparsamer Umgang mit Reinigungsmitteln schützt die Umwelt und spart Geld.

Tab. 1: Ausgewählte Reinigungsmittel

Produkt	Was beseitigt es?	Einsatzgebiet
Allzweckreiniger	Öl- und Fettschmutz, Straßenschmutz	Glas, Stein, lackierte Flächen, wasserfeste Bodenbeläge
Alkoholreiniger	Öl- und Fettschmutz, vor allem Griffspuren	glänzende Materialien wie Fliesen, Glas und Spiegel
Sanitärreiniger	Kalk, Hautfett, Urinstein	Waschbecken, Fliesen, WC

Tab. 2: Ausgewählte Gefahrensymbole

Gefahrensymbol		Beispiele	Was ist beim Einsatz zu beachten?
	(F+) Hochentzündlich	Backofen-/Grillreiniger Teppich-/Polsterreiniger	• reizt Augen und Atmungsorgane • Dämpfe nicht einatmen und gut lüften • nicht auf Flammen oder glühende Gegenstände sprühen
	(Xi) Reizend	WC-Reiniger Kalklöser Kunststoff-Reiniger	Berührung mit Augen und Haut vermeiden (Schutzhandschuhe und Schutzbrille tragen)
	(N) Umweltgefährlich	Imprägnierspray für Leder und Textilien	nicht ins Abwasser gelangen lassen (giftig für Wasserlebewesen)

Desinfektionsmittel

Um krankheitserregende Keime im Gastgewerbe und in der Hauswirtschaft zu beseitigen, werden **Desinfektionsmittel** und Desinfektionsreiniger eingesetzt.

In gewerblichen Küchen ist Desinfektion vorgeschrieben: Dort müssen z. B. Arbeitsflächen, auf denen rohes Fleisch und Geflügel verarbeitet wurden, desinfiziert werden.

Keime haften nicht nur an Oberflächen von Gegenständen, sondern auch an den Händen der Mitarbeiter. Deshalb müssen die Hände z. B. vor dem Verarbeiten von Lebensmitteln mit speziellen Händedesinfektionsmitteln desinfiziert werden.

AUFGABE

Wie wird eine richtige Händedesinfektion durchgeführt? Informieren Sie sich im Internet.

Gesundheitsschutz

Reinigungs- und Desinfektionsmittel können **Allergien** und **Hauterkrankungen** auslösen. Orangefarbene **Gefahrensymbole** auf den Verpackungen von Reinigungsmitteln weisen darauf hin, dass diese schädlich für die Gesundheit oder die Umwelt sind (Tab. 2).

Um gesund zu bleiben, sollten Reinigungskräfte sachgerecht mit Reinigungsmitteln umgehen:

- Schutzhandschuhe tragen,
- Reinigungsmittel nur in Originalverpackungen aufbewahren,
- Putzmittel nicht vermischen,
- beim Einsatz von lösemittelhaltigen Produkten wie Backofenreiniger für Frischluftzufuhr im Raum sorgen,
- Hände zum Schutz und zur Pflege regelmäßig eincremen.

Sachgerechtes Umgehen mit Reinigungs-, Pflege- und Desinfektionsmitteln schützt die Gesundheit.

1 Reinigen eines Kochkessels

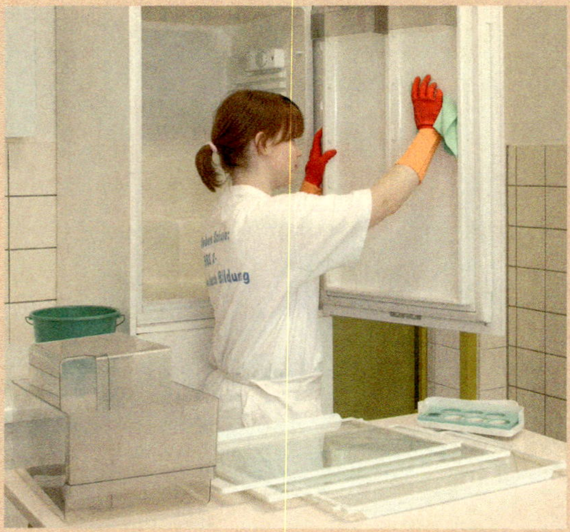

2 Grundreinigung eines Kühlschrankes

Reinigen von Küchen

Beim Vor- und Zubereiten von Lebensmitteln in der **Küche** treten unterschiedliche Verschmutzungen auf.

In gewerblichen Küchen muss jeder Mitarbeiter sofort nach dem Arbeiten seine Arbeitsflächen reinigen und gegebenenfalls desinfizieren – ein Beispiel für Sichtreinigung.

Zur täglichen Unterhaltsreinigung gehört es, Sand und Speisereste aufzufegen und den Boden zu wischen. Verschmutzte Wandfliesen werden mit einem Mikrofasertuch gesäubert. Fest haftende Flecken, wie Fett, werden mit einem Padschwamm entfernt.

Auch Verschmutzungen, die nicht sofort sichtbar sind, wie Soßenreste im Auslaufhahn des Kochkessels, müssen beseitigt werden 1.

Manche Küchengeräte müssen zum Reinigen auseinander gebaut werden. Dafür vorher die Gebrauchsanweisung lesen.

Das Reinigen eines Kühlschrankes fällt unter die Grundreinigung und ist nur in größeren Zeitabständen notwendig, z. B. halbjährlich.

Bevor der Kühlschrank abgeschaltet und der Netzstecker gezogen wird, sind die Lebensmittel in anderen Kühlgeräten zu lagern. Dann werden Gitter und Schubladen herausgenommen und der Kühlschrank wird innen und außen mit einem Allzweckreiniger gereinigt, nachgewischt und getrocknet 2.

! Vor dem Reinigen von elektrischen Geräten immer den Netzstecker ziehen.

AUFGABE

1. Diskutieren Sie in der Klasse, welche Aufgaben zur Grundreinigung Ihrer Schulküche gehören.
2. Bringen Sie von zuhause die Gebrauchsanweisung Ihrer Spülmaschine oder Mikrowelle mit. Was ist bei der Reinigung des Gerätes zu beachten?

3 Reinigen einer Aufschnittmaschine

4 Kälteschutzkleidung für Tiefkühler

Arbeitsablauf beim Gerätereinigen

Beim Reinigen von Küchengeräten – ob z. B. Kühlschrank oder Aufschnittmaschine – wird in folgender Reihenfolge gearbeitet:

Netzstecker ziehen

↓

feste Verschmutzungen einweichen/ Reinigungsmittel einwirken lassen

↓

Gerät innen und außen gründlich reinigen

↓

Gerät nachwischen und trocknen

↓

Netzstecker wieder anschließen

Gesundheitsschutz

In Küchen gibt es unterschiedlichste Unfallquellen. Daher ist es für die Reinigungskräfte und den Koch wichtig, konzentriert zu arbeiten und evtl. Schutzkleidung zu tragen:

- Beim Reinigen von Aufschnittmaschinen ist darauf zu achten, Schnittschutzhandschuhe zu tragen, um sich nicht an den Messern zu verletzen 3.
- Mitarbeiter, die z. B. begehbare Tiefkühlräume ausfegen, müssen Kälteschutzkleidung 4 tragen, um keine Erfrierungen zu erleiden.

! Um Unfälle zu vermeiden, konzentriert arbeiten und Schutzkleidung tragen.

In Küchen der Hauswirtschaft und des Gastgewerbes müssen Arbeitsbereiche, in denen tierische Lebensmittel verarbeitet werden, sehr gründlich gereinigt und zusätzlich desinfiziert werden.

1 Unterhaltsreinigung im Hotelzimmer

2 Grundreinigung: Fenster putzen

Reinigen von Wohnräumen

Im Wohnzimmer gemütlich lesen oder im Hotelzimmer beim Fernsehen entspannen – dafür muss die Atmosphäre stimmen. Dazu gehört, dass diese **Wohnräume** aufgeräumt und gepflegt sind.

Zur Sichtreinigung in der Hauswirtschaft gehört es z. B., in Zimmern von Altenheimbewohnern schmutziges Geschirr wegzuräumen oder welke Blumen zu entfernen.

Von einer Unterhaltsreinigung spricht man im Privathaushalt, wenn ein- bis zweimal pro Woche im Wohnzimmer Staub gewischt und gesaugt wird. Im Hotel dagegen muss täglich und besonders gründlich gereinigt werden:

- Lüften,
- Schubladen und Schränke auswischen 1,
- Fußleisten abwischen,
- Staub saugen auch in den Ecken und unter dem Bett.

Wohnbereiche, die mit Fußböden aus PVC oder Linoleum ausgelegt sind, werden mit der **Feuchtwischmethode** gereinigt. Damit der gesamte Boden inklusive der Ecken gereinigt wird, arbeitet man nach diesem Wischschema:

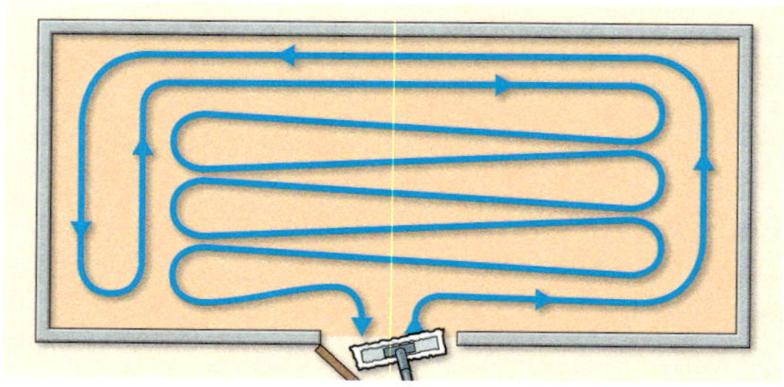

In größeren Abständen, z. B. viertel- oder halbjährlich, fallen Grundreinigungsarbeiten an: Fenster und Rahmen putzen 2, Gardinen waschen, Teppich feucht reinigen.

AUFGABE

Im Hotel erledigt das Housekeeping-Personal außer den Reinigungsarbeiten zusätzliche Aufgaben. Welche sind das?

3 Gepflegtes Hotelzimmer

4 Wohnraum im Altenheim

Planen der Tätigkeiten

Es ist wichtig, dass beim Reinigen von Wohnräumen alle anstehenden Aufgaben erledigt werden. Denn nur in einer sauberen Umgebung fühlen sich Gäste eines Hotels oder Besucher zuhause wohl.

Mithilfe einer Checkliste können einzelne Tätigkeiten nach deren Erledigung als „fertig" abgehakt werden:

Arbeitsmaterialien bereitstellen ✔
Reinigungswagen/Etagenwagen rüsten ✔
Raum aufräumen ✔
evtl. Stühle hochstellen ✔
Gegenstände und Möbel reinigen ✔
Fußboden reinigen
Raum wieder einräumen
Arbeitsmaterialien wegräumen
Kontrollblick

Abschließende Arbeiten

Wenn alle Möbel, Gegenstände und der Boden gereinigt sind, wird der Raum wieder eingeräumt. Möbel werden richtig hingestellt und alle Arbeitsmaterialien weggeräumt.

Weitere Vorbereitungen für den Gast sind z. B.:

- die Heizung anstellen,
- das Bett aufschlagen,
- Willkommensgruß aufs Kopfkissen legen.

Als Letztes überprüft die Reinigungskraft, ob alle Aufgaben ordentlich erledigt wurden und der Raum sauber und gepflegt aussieht 3.

! Der letzte Blick der Reinigungskraft ist der erste Blick des Gastes.

AUFGABE

Erstellen Sie eine Liste, was bei einer Unterhaltsreinigung des Wohnraumes von Bild 4 alles gereinigt werden muss.

1 Modernes Hotelbad

2 Reinigen von Armaturen

AUFGABE

Erstellen Sie eine Liste, was bei der Unterhaltsreinigung eines Hotelbades alles erledigt werden muss.

Reinigen von Sanitärräumen

Sanitärräume sind hygienisch sensible Bereiche, weshalb sie besonders gründlich und regelmäßig zu reinigen sind.

Es müssen zum einen Keime entfernt werden, zum anderen erwarten Freunde zuhause ebenso wie Gäste eines Hotels saubere Sanitärräume 1 .

! Saubere und gepflegte Sanitärräume sind das Aushängeschild eines jeden Betriebes.

Im Sanitärbereich gehen Sicht- und Unterhaltsreinigung fließend ineinander über. Viele Tätigkeiten werden bei beiden Reinigungsarten durchgeführt, wie das Beispiel der Sichtreinigung eines Hotelbades zeigt:

- Entfernen grober Verschmutzungen,
- Reinigen von Waschbecken und Dusche sowie vom WC,
- Leeren der Abfalleimer.

Die Unterhaltsreinigung wird unterschiedlich oft durchgeführt: Im Privathaushalt ist es üblich, das Bad einmal pro Woche zu putzen.

Sanitärräume im Gastgewerbe und in der Hauswirtschaft dagegen werden täglich gereinigt, öffentliche Toiletten, z. B. in Hotels oder Restaurants, sogar mehrmals am Tag. Dabei füllen die Reinigungskräfte auch die Spenderautomaten für Papierhandtücher und Seife bei Bedarf nach.

Im Zuge einer Grundreinigung werden in Hotels fleckige Duschvorhänge gewaschen oder erneuert. Abflüsse sind regelmäßig mit Rohrreiniger zu reinigen, damit sie nicht verstopfen.

Um Kalkränder an Armaturen schonend zu entfernen, werden Kalklöser oder Essigreiniger eingesetzt.

! Wer empfindliche Haut hat, sollte vorsorglich mit Schutzhandschuhen arbeiten 2 .

REINIGUNGSPLAN KÜCHE

Posten	Datum	Uhrzeit	Unterschrift
Kühlzellen			
Trockenlager			
Arbeitsflächen			
Kippbratpfanne			
Kombidämpfer			
Herde			
Regal / Mikrowelle			
Spülbecken			
Spülmaschine			
Speisenausgabe			
Rinnen und Abflüsse			
Müllbereich			

3 Formblatt zur Dokumentation

Dokumentieren von Tätigkeiten

Wenn alle Reinigungsarbeiten erledigt sind, macht die Reinigungskraft einen Kontrollgang.

Sie überprüft, ob alle Aufgaben fachgerecht erledigt wurden und bestätigt dies mit ihrer Unterschrift. Diese **Dokumentation** ist ein wichtiger Nachweis für erbrachte Leistungen.

Manche Dokumentationen sind sogar gesetzlich vorgeschrieben, wie im HACCP-Konzept von gewerblichen Küchen. Dort ist z. B. die Küchenleitung dafür verantwortlich, dass die Küche und die Geräte fachgerecht gereinigt werden.

Mithilfe der Dokumentation kann nachvollzogen werden, was gereinigt wurde und wer zuständig war. So kann bei Problemen oder Kontrollen entsprechend reagiert werden.

Eine Dokumentation muss schriftlich erfolgen, beispielsweise anhand eines Formblatts 3. Sie enthält in der Regel folgende Angaben:

- welcher Raum gereinigt wurde,
- welche Tätigkeiten erledigt wurden,
- wer die Arbeiten durchgeführt hat,
- Angabe Datum und Uhrzeit.

Eine Dokumentation ist ein Nachweis darüber, was, wann und von wem erledigt wurde.

ZUSAMMENFASSUNG

Reinigungsart festlegen und Arbeitsplan erstellen → Reinigungsmittel und Geräte auswählen und bereitstellen → Reinigen von
- Küchen
- Wohnräumen
- Sanitärräumen

→ Arbeitsplatz aufräumen, Kontrollgang und Dokumentation

Tab. 1: Faserarten	
Faserart	**Welches Material?**
Naturfasern	Baumwolle, Seide, Wolle
Chemiefasern	Polyester, Polyacryl, Elasthan, Viskose
Mischgewebe	Mischung aus Natur- und Chemiefasern

1 Pflegeetikett in einer Kochjacke

AUFGABE

Bestimmen Sie mithilfe der Pflegesymbole, wie die Kochjacke auf Bild 1 gewaschen, getrocknet und gebügelt werden darf.

3.3 Reinigen und Pflegen von Wäsche

Beachten der Pflegesymbole

Um rosa verfärbte Unterwäsche oder das Einlaufen des Lieblingsshirts zu vermeiden, sind beim **Waschen** und Pflegen von Textilien einige wichtige Dinge zu beachten.

Abhängig vom Material werden Textilien unterschiedlich gewaschen, getrocknet und geglättet (Tab. 1).

In jedem Wäschestück ist ein Etikett eingenäht, auf dem die jeweiligen Faserarten und meistens auch die entsprechenden Pflegesymbole angegeben sind.

Textilien aus Baumwolle dürfen in der Regel sehr heiß gewaschen und gebügelt werden. Kleidung aus Chemiefasern darf dagegen nur bei niedrigen Temperaturen gewaschen und geglättet werden.

Die **Pflegesymbole** geben Auskunft darüber, wie man ein Kleidungsstück richtig reinigt und pflegt (Tab. 2).

Tab. 2: Pflegesymbole	
Symbol	**Was sagt es aus?**
	ob ein Textil gewaschen werden darf
	welches Waschprogramm und welche Waschtemperatur geeignet sind
	wie heiß gebügelt werden darf
	wie heiß im Trockner getrocknet werden darf
	ob ein Textil in der Textilreinigung gereinigt werden muss

Tab. 3: Waschprogramme

Programm	Temperatur	Für welche Textilien geeignet?
Koch- und Buntwäsche (Normalprogramm)	30 bis 95 °C	Textilien aus Baumwolle und Baumwollmischgewebe
Pflegeleicht-Wäsche	30 bis 40 °C	Shirts und Pullover aus Mischgewebe, Oberhemden, Jeans
Feinwäsche	kalt bis 30 °C	feinere Bekleidung, z. B. aus Seide, mit Stretchanteil, Chemiefasern
Wolle	kalt bis 30 °C	maschinen-waschbare Wolltextilien

Vorbereiten der Wäsche

Zum Sammeln der schmutzigen Wäsche eignen sich am besten Körbe oder luftdurchlässige Säcke.

! Die Wäsche wird sortiert nach: Waschprogramm, Temperatur sowie heller, dunkler und farbintensiver Wäsche

Um ein gutes Waschergebnis zu erzielen, sind vor dem Waschen weitere vorbereitende Arbeiten zu erledigen, z. B.:

- Taschen ausleeren,
- Bänder der Vorbinder zusammenbinden,
- empfindliche Blusen oder Shirts mit Aufdrucken „auf links" drehen,
- Hosenbeine und Ärmel auskrempeln,
- Klett- und Reißverschlüsse schließen.

Flecken oder stark verschmutzte Teile wie Hemdenkragen werden vor dem Waschen mit Flecken- oder Vorwaschmitteln behandelt. Gegen Fettflecken hilft z. B. Gallseife. Sie ist kostengünstig und schont die Umwelt.

Waschprogramme

Die Pflegesymbole geben an, welches **Waschprogramm** für das Wäschestück geeignet ist: Koch- und Buntwäsche, Pflegeleicht-, Feinwäsche oder Wollprogramm (Tab. 3).

Um ein gutes Waschergebnis zu erzielen, müssen während des Waschens verschiedene Einflussfaktoren zusammenwirken 2 .

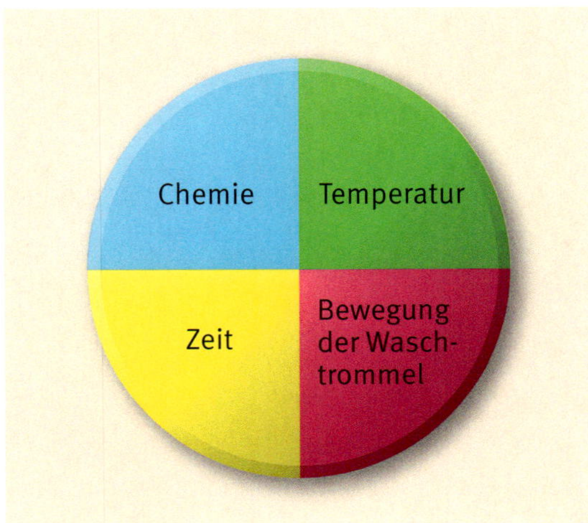

2 **Waschfaktoren**

1 Einsatzgebiete von Waschmitteln

Waschen

Zuerst wird die **Waschmaschine** mit der Schmutzwäsche befüllt.

> **Optimal ist die Maschine gefüllt, wenn noch eine aufrecht gestellte Hand Platz in der Trommel hat.**

Bei Pflegeleicht- und Feinwäsche wird die Trommel höchstens zur Hälfte befüllt.

 Sehr empfindliche Textilien wie feine Blusen oder Wollpullover sind mit dem Symbol für **Handwäsche** gekennzeichnet. Sie sind mit der Hand zu waschen, damit sie beim Waschen in der Maschine nicht beschädigt werden.

Im Privathaushalt und im Gastgewerbe werden hauptsächlich Vollwaschmittel, Feinwaschmittel, Color- und Wollwaschmittel benutzt. Durch die unterschiedlichen Inhaltsstoffe, z. B. Tenside oder Bleichmittel, haben sie verschiedene Wascheigenschaften.

Die einzelnen **Waschmittel** eignen sich daher für folgende Textilien 1:

- **Vollwaschmittel**: für alle Textilien, Waschverfahren und Temperaturen, außer Seide, Wolle ①,
- **Feinwaschmittel**: für feine Gewebe, farbige Textilien, Seide, Sportbekleidung ②,
- **Colorwaschmittel**: für Buntwäsche ③,
- **Wollwaschmittel**: für waschbare Wolltextilien ④.

Um ein gutes Waschergebnis zu erzielen, ist es wichtig, das Waschmittel so zu dosieren, wie es auf der Verpackung angegeben ist.

Die Waschmittelmenge ist davon abhängig, wie stark die Wäsche verschmutzt ist und welche Härte das Leitungswasser hat. Auskunft über den Härtegrad gibt das Wasserwerk.

AUFGABE

Nennen Sie weitere wichtige Gründe, warum Waschmittel genau dosiert werden sollen.

2 **Bedienelemente einer Waschmaschine**

Bedienen einer Waschmaschine

Das Waschmittel wird in die **Waschmittelschublade** der Maschine eingefüllt 2, ⑤.

Diese Schublade ist in drei Fächer unterteilt:

- Vorwäsche,
- Hauptwäsche und
- Weichspüler/Stärke.

Das Waschprogramm und die gewünschte Temperatur werden an den Programmschaltern der jeweiligen Waschmaschine eingestellt 2, ⑥.

Nach dem Befüllen der Waschmaschine werden die Hände gewaschen, um mögliche Schmutzreste und Keime zu entfernen.

AUFGABE

Welche Temperatur und welches Waschprogramm stellen Sie für stark verschmutzte Wäsche aus der Großküche ein?

Eine Waschmaschine wird folgendermaßen bedient:

Wäsche einfüllen

↓

Wasserhahn öffnen

↓

Programm und Temperatur wählen

↓

Waschmittel einfüllen

↓

Tür schließen

↓

Maschine anschalten

1 Beladen eines Trockners

2 Aufhängen von Wäsche

Trocknen

Nach dem Waschen wird die Wäsche entweder im **Trockner** oder an der Luft getrocknet. Beide Möglichkeiten haben Vor- und Nachteile (Tab. 1 und 2).

Im **Tumbler** (engl. = Trockner) wird die Wäsche in erwärmter Luft bewegt. Dabei wird ihr die Feuchtigkeit entzogen.

Die Wäsche wird locker in den Trockner eingefüllt 1. Soll die Wäsche noch geglättet werden, wird sie nicht vollständig getrocknet, sondern behält eine leichte Restfeuchte.

Tab. 1: Trocknen im Wäschetrockner

Vorteile	Nachteile
zeitsparend	hoher Stromverbrauch
leichteres Glätten, Trocknungsgrad einstellbar	nicht für alle Textilien geeignet

Wäsche kann auch auf der Leine, einer **Wäschespinne** oder einem **Wäscheständer** aufgehängt und getrocknet werden.

Bevor die Wäsche im Freien oder in gut durchlüfteten Räumen aufgehängt wird, müssen die **Wäscheleinen** feucht abgewischt werden.

Das Aufhängen der Wäsche geht schneller und leichter, wenn die Wäscheklammern griffbereit liegen und der Wäschekorb in angenehmer Arbeitshöhe, z. B. auf einem Hocker, steht 2.

Um das anschließende **Bügeln** zu erleichtern, wird die Wäsche sorgfältig glatt aufgehängt.

Tab. 2: Trocknen an der Luft

Vorteile	Nachteile
preiswert	zeitintensiv
für alle Textilien geeignet	wetterabhängig (draußen)
frischer Geruch	hoher Platzbedarf

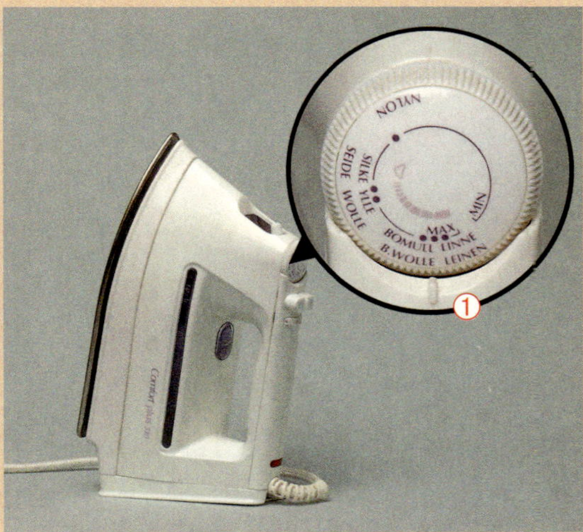

3 **Dampfbügeleisen**

4 **Mangeln**

Sicherheitshinweis
Um Unfälle zu vermeiden, beim Bügeln und Mangeln immer konzentriert arbeiten!

Glätten

Wäsche kann mit einem **Bügeleisen** 3 oder mit einer **Mangel** 4 geglättet werden.

Im privaten Haushalt wird für **glatte** und **geformte Teile** überwiegend das Bügeleisen verwendet (Tab. 3). Im Großhaushalt und im Gastgewerbe wird glatte Wäsche dagegen ausschließlich gemangelt.

Vor dem Glätten Arbeitsplatz einrichten:

- Wäsche nach Bügeltemperaturen sortieren,
- Bügelbrett oder bei der Mangel den Sitz auf die eigene Körpergröße einstellen,
- Ablage für fertige Wäsche bereitstellen.

Tab. 3: Wäscheart

Wäscheart	Welche Textilien sind das?
glatte Teile	Bettwäsche, Tischdecken, Servietten
geformte Teile	Blusen, Hemden, Kochjacken, Hosen

Bügeleisen glätten Textilien mit Wärme und Druck. **Dampfbügeleisen** befeuchten das Kleidungsstück zusätzlich mit Wasserdampf. Dadurch lässt sich auch stark zerknitterte Wäsche leicht glätten.

Die Bügeltemperatur wird entsprechend der Empfehlung des Pflegesymbols, das im Wäschestück eingenäht ist, eingestellt ①.

Große glatte Teile wie Tischdecken, bei denen es auf exakte **Brüche** ankommt, lassen sich am besten mit einer **Mangel** glätten. Dabei wird die leicht feuchte Wäsche in einem Arbeitsgang getrocknet und geglättet.

! Die Unterseite des Bügeleisens und die Walzen der Mangel sind extrem heiß.

AUFGABE

Nennen Sie drei Vorteile, die dafür sprechen, Wäsche zu bügeln, und drei Vorteile, die fürs Mangeln sprechen.

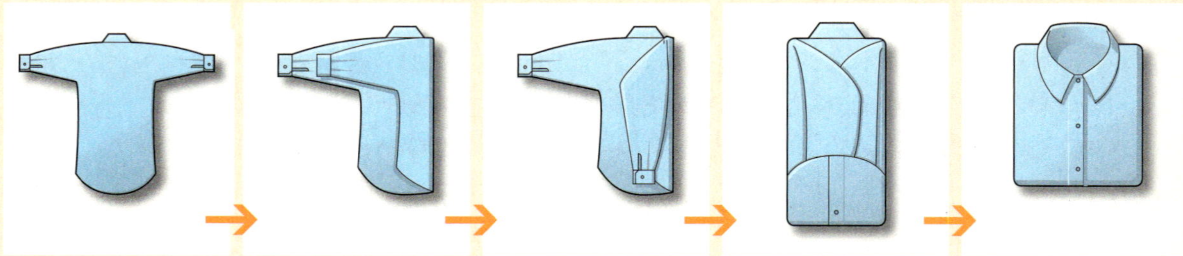

1 **Legen von Hemden oder Blusen**

Legen

Im letzten Schritt wird die trockene und glatte Wäsche zusammengelegt.

! Bevor die Wäsche gelegt wird, müssen die Hände gewaschen werden.

Glatte Teile, wie z. B. Tischdecken, werden in einer ganz bestimmten Reihenfolge zusammengelegt:

- der Länge nach halbieren,
- breite Teile ein zweites Mal halbieren,
- Wäsche ein- bis zweimal quer halbieren,
- glatt streichen und im Schrank oder auf einer Ablage ablegen.

Besonders sorgfältig wird die Tischwäsche gelegt. Die **Brüche** müssen gerade verlaufen, damit das Eindecken im Restaurant schnell und problemlos verlaufen kann.

Auch für Hemden, T-Shirts oder andere geformte Teile gibt es eine bestimmte Reihenfolge, nach der sie fachgerecht zusammengelegt werden 1.

AUFGABE

Sie sollen die zusammengelegte Wäsche eines Altenheimbewohners in seinen Schrank einräumen. Worauf müssen Sie achten?

→ ZUSAMMENFASSUNG

Wäsche sortieren und vorbereiten → Wäsche waschen → Wäsche trocknen → Wäsche bügeln oder mangeln → Wäsche legen und in den Schrank einsortieren

ZUSAMMENFASSUNG

Reinigen und Pflegen von Gegenständen

- Spülen mit der Maschine
- Spülen mit der Hand
- Pflegen von Tischgegenständen sowie Gegenständen aus Edelstahl und Chrom

Reinigen und Pflegen von Räumen

- Reinigungsart und Reinigungsmethode festlegen
- Reinigungsgeräte und Reinigungsmittel auswählen
- Reinigen von Küchen, Wohn- und Sanitärräumen
- Dokumentieren der Tätigkeiten

Reinigen und Pflegen von Wäsche

- Pflegesymbole erkennen
- Wäsche sortieren und vorbereiten
- Wäsche in der Waschmaschine waschen
- Wäsche im Trockner oder an der Luft trocknen
- Wäsche bügeln oder mangeln und zusammenlegen

Register

Rezeptteil

Bildquellenverzeichnis

Titel: Simon Jarratt/Corbis, Düsseldorf (links) und Druwe & Polastri, Photostudio, Cremlingen/Weddel (rechts)

5 am Tag e.V., Mannheim: 45.2;
adpic Bildagentur, Bonn: 37.1 (A. Figge), 85.2 (G. Hergenhan);
AEG Hausgeräte GmbH Elektrolux, Nürnberg: 92.5;
aid infodienst - Verbraucherschutz, Ernährung, Landwirtschaft e.V., Bonn: 61.2 (Arbeitsanleitung So gehts Gemüse zerkleinern. Copyright: cleeves media/Claudia Rick);
American Express International, Inc., Frankfurt: 37.4;
Artur Architekturbilder, Essen: 90.1 (Christian Eblenkamp);
Blanco CS GmbH & Co. KG, Oberderdingen: 58.4;
Corbis, Düsseldorf: 85.3 (Simon Jarratt);
Deutsche Bank AG, Frankfurt: 37.3;
Deutsche Gesellschaft für Ernährung e.V., Bonn: 43.2, 84.1;
Dr. August Oetker Nahrungsmittel KG, Bielefeld: 68.1a, 68.1c;
Druwe & Poalastri, Photostudio, Cremlingen/Weddel: 5.2, 6.1a, 6.1c, 8.2, 12.1, 12.2, 16.1, 17.2, 17.3, 19.2, 19.3, 20.1 (alle), 21.2 (alle), 21.3 (alle), 23.3 (alle), 25.2, 25.3, 26.1, 29.4, 31.2, 23.1, 32.2, 33.3, 33 (beide), 34.2, 36.2, 38.1, 39.2, 39.3, 40 (alle), 45.4, 48.1, 50.2, 53.3, 54.1, 55.3, 55.4, 57.5, 84.2, 85.1, 86 (alle), 87.2, 89.2, 89.3, 91.2, 92.2, 92.4, 93.3, 94.1, 96.1, 96.2, 98.1, 98.2, 99.3, 100.1, 100.2, 102.1, 104.1 (alle), 105.2, 106.1, 106.2, 107.3, 107.4, 109.2, 109.3;
Electrolux Hausgeräte Vertriebs GmbH, Nürnberg: 57.4;
Fa. Theodor R. Rist Gesellschaft m.b.H., A-Wien: 93.5;
Fackelmann GmbH & Co. KG, Hersbruck: 59.2f, 59.Tab.2 (beide), 60.1b, 60.1e;
Flora Press, Hamburg: 15.1;
fotolia.com: 41.2 (innershadows), 47.2 (Valda), 48.2 (robynmac), 49.4 (Alexander Rochau), 57.3 (Emin Ozkan), 58.3b (Goos_Lar), 70.1 (GYNEX), 84.4 (GYNEX), 87.3 rechts (Arne Pastoor), 92.3 (poco_bw);
Gesamtverband der deutschen Textil- und Modeindustrie e.V., Berlin: 102.Tab.2;
getty images, München: 42.1 (Bambu Productions),
Gorenje Vertriebs GmbH, München: 56.1;
GREIFF Mode GmbH & Co. KG, Bamberg: 15.2, 24.1a;
Großküchenberatung Uelze, Hannover: 52.2;
Großküchentechnik Grosch UG, Siegen: 56.2;
Hobart GmbH, Offenburg: 87.3 links, 109.1;
iglo GmbH, Hamburg: 68.1b;
Kaiser + Kraft Europa GmbH, Stuttgart: 92.6;
Ulrike Köcher, Hannover: 62.1, 63.1;
mauritius images, Mittenwald: 45.3 (Rosenfeld);
OH Reinigungssysteme GmbH, Nördlingen: 93.4;
picture-alliance/dpa, Frankfurt: 5.4 (Hendrik Schmidt/dap-Report/ZB), 9.4 (Jens Büttner/ZB-Fotoreport), 24.1b (R. Schmid/Bildagentur Huber), 31.3 (Ralf Hirschberger/ZB), 69.2 (Arne Dedert/dpa-Report), 97.4 (Karl-Josef Hildebrand);
Pitopia, Karlsruhe: 5.3 (Andrea Soziaghi, 2009), 60.1c (Katja Wickert, 2008), 74 (Yvonne Bogdanski, 2008);
proleno limited, UK-Bedforshire: 83.2;
Rational AG, Landsberg: 57.3;
SOLIS Deutschland GmbH, Villingen-Schwenningen: 54.4;
StockFood, München: 6.1 (Jörg Lehmann), 9.3 (Maximilian Stock Ltd), 27.2 (FoodPhotogr. Eising), 35.3 (Bananastock), 41.1 (Roland Krieg), 41.4 (Karl Newedel/Foodcollection), 58.3a (Lew Robertson), 60.1a (Teubner Foodfoto), 60.Tab.1 beide (Zabert Sandmann Verlag und Maximilian Stock Ltd), 62.2 (Zabert Sandmann Verlag), 63.2 (Rynio), 63.3 (FoodPhotogr. Eising), 63.4 (K. Mewes), 63.5 (Winfried Heinz), 63.6 (Michael Brauner), 72 (K. Arras), 73 (Karl Newedel), 75 (Susie M. Eising), 76 (Paul Poplis), 77 (H. Bischof), 78.1 (Rua Castilho), 78.2 (Rynio), 79.1 (Foodcollection), 80.1 (Karl Newedel/Foodcollection), 80.2 (Peter Rees), 81.1 (Anneliese Kompatscher-Hoppe), 81.2 (Rynio), 82 (Walter Cimbal), 83.1 (Bodo A. Schieren);
Jochen Tack, Essen: 41.3, 60.1c, 84.3;
ullstein bild, Berlin: 6.1b (Oberhäuser/CARO), 79.2 (Creativ Studio Heinemann/Imagebroker.net);
vario images, Bonn: 11.1 (foto-begsteiger);
Visum, Hamburg: 10.1 (David Ausserhofer/Konzept und Bild);
Wedekind, Hamburg: 50.1;
Weiss GmbH, Fotostudio, Gersthofen: 37.2;
WMF Württembergische Metallwarenfabrik AG, Geisslingen/Steige: 58.1 (beide);
Zwilling J.A. Henckels AG, Solingen: 59.2 (a bis e);

Verlag und Autoren möchten den aufgeführten Firmen, Verbänden, Institutionen, Zeitschriften und Buchverlagen sowie Einzelpersonen für ihre tatkräftige und großzügige Hilfe bei der Bereitstellung von Bild- und Informationsmaterial und ihre Beratung danken.

Besonderer Dank gilt Antje Ploog und der Berufsbildenden Schule 2 in Wolfsburg, sowie dem Mövenpick Hotel in Braunschweig.

Falls ein Bild oder ein Text nicht richtig oder gar nicht im Verzeichnis erscheint, bitten wir nachdrücklich um Entschuldigung. Wir bitten Sie, sich mit dem Verlag in Verbindung zu setzen.

Passend zum Schulbuch entwickelt: **Der Lehrerband**

Gastgewerbe
Hauswirtschaft
Lehrerband
190 Seiten
978-3-14-**290604**-1

mit

- Informationen zur Berufsausbildungsvorbereitung,
- methodisch-didaktischen Hinweisen,
- Lösungen aller Aufgaben aus dem Schülerbuch und
- zahlreichen Arbeitsblättern mit Kopiermöglichkeit.